重构增长秩序
不确定性年代
与内生平衡增长

张文魁　著

中信出版集团·CHINACITICPRESS·北京

图书在版编目（CIP）数据

重构增长秩序：不确定性年代与内生平衡增长/张
文魁著 . —北京：中信出版社，2016.3
ISBN 978-7-5086-5931-2

I.①重… II.①张… III.①中国经济－经济增长－
经济秩序－研究 IV.① F124.1

中国版本图书馆 CIP 数据核字（2016）第 035922 号

重构增长秩序

著　者：张文魁
策划推广：中信出版社〔China CITIC Press〕
出版发行：中信出版集团股份有限公司
　　　　　〔北京市朝阳区惠新东街甲 4 号富盛大厦 2 座　邮编　100029〕
　　　　　〔CITIC Publishing Group〕
承 印 者：北京画中画印刷有限公司

开　本：787mm×1092mm　1/16　　印　张：16.25　　字　数：144 千字
版　次：2016 年 3 月第 1 版　　　　印　次：2016 年 3 月第 1 次印刷
广告经营许可证：京朝工商广字第 8087 号
书　号：ISBN 978-7-5086-5931-2/F · 3601
定　价：58.00 元

一

经济增长大致属于宏观经济学的范畴，而笔者长期对宏观经济学兴趣阙如，甚至有点看不上宏观经济学，却对微观经济学偏爱有加。在长期的研究中，笔者深深感到，至今为止的宏观经济学，最大的问题并不在于函数化和数学化，而在于函数化和数学化的总量分析把经济运动的内在联系、内在规律和内在本质都抽离掉了，所以只见森林、不见树木，甚至连森林也看不清楚，只看见平林漠漠烟如织，根本不知晓树木是怎么生长的。这里当然是说新古典范式，因为宏观经济学囿于新古典范式比微观经济学要更加严重，但又没有找到很好的路径可以突破这一框架。在标准的宏观经济学看来，经济增长就是要扩大总需求和总供给并形成均衡，而总需求不过就是以美元、日元、欧元、人民币等单位计量的货币流通量，总供给不过就是以这些货币单位计量的产值。而在微观经济学看来，需求不是什么总量而是具体的，表现为不同人群的收入水平、财富水平以及他们对某些具体产品和服务的购买欲望、购买偏好。譬如张三即使有 100 万元可自由支配，也不能轻易等同于张三有 100 万元的需求，如果他想购买一匹马而不是一辆宝马车，哪怕使用税收优惠或贷款宽松等典型的宏观经济学工具，此时他的需求也很有可能还是 0。供给更是具体的，并不是 50 万亿元、100 万亿元总产值那么简约，而是表现为分布于几百家企业的 10 亿吨钢材和分布于几十家企业的 1 000 万辆汽车等。不同企业还有不同的品牌、品种、型号，那些企业要有较大把握将某些品种和型号的钢材、汽车卖出去，才会愿意增加产量，并且要能够以合意价格和合适渠道获得相应的土地、设备、人员、原材料、工艺方法、管理手段，才会实现增产。各企业之间还会相互竞争，以至于使企业面临不确定性和利益格局的重塑。这些活动都远远超出了宏观经济学的标准分析框架，也无法轻易地用货币等总量工具来调节。在经济学界内部，对经济增长理论的批评也已经不绝于耳，最切中要害的批评，是美国经济学家威廉姆·鲍莫尔等人所指出的，经济增长模型有一个"失去的环节"，即没能将企业和企业家的作用纳入分析之中，不找回这个"失去的环节"，就无法完整地理解和分析经济增长。现实世界正是如此：没有强壮的企业群体，就没有强劲的经济增长。

不过，经济增长是如此重要，所以笔者还是涉足了这一研究领域。亚当·斯密的本意是关注经济增长，这个大家都知道。其实中国先秦时期的管仲对经济增长也有着深刻的理解，"国多财则远者来，地辟举则民留处，仓廪实而知礼节，衣食足而知荣辱"就是他的一个著名论断，看来中国并不缺乏追求经济增长和财富丰裕的传统。笔者对经济增长的兴趣，主要集中于新兴经济体的经济增长机制，这不但是因为中国本身属于全球体系中一个最大的新兴经济体，还因为笔者以前曾对日本、韩国的经济起飞做过一些研究，以及目前对于南亚和东南亚可能出现的新一轮经济起飞比较关注，最重要的是，生活于中国是对新兴经济体保持跟踪研究的最大优势。笔者长期以来对制度经济学和企业发展做过一些研究，这对于理解经济增长的内在机制有所助益，并希望这一点研究经历能够帮助克服新古典宏观经济学的思维局限，能够有助于寻找那个"失去的环节"。当然，新增长理论在过去二三十年的进展，虽然没能找回"失去的环节"，但无疑能够加深我们对于经济增长的认识、能够加强我们对于经济增长的衡量，尽管新增长理论更多的是探索成熟经济体的可持续增长。本书并不是一部理论专著，而是过去几年我在大众媒体上发表的一些有关经济增长的评论性文章的合集。如果这部合集能够让读者感到似有某些新颖之处，那就没有白费出版功夫了。

二

中国经济增长，无论是其重要性还是其复杂性，都无须赘言。中国经济在过去 30 多年里的高速增长被视为是全球范围内的一个奇迹，而在"十二五"后期的经济增速明显滑落也自然引起全球性讨论。不过，无论是从全球经济增长历史来看，还是从经济增长机制来看，中国奇迹不算奇异，也不算奇妙。中国在改革开放之后约 30 年的高速增长，其基础是巨大的追赶空间和后发优势。有了这个基础，所要做的相对来说比较简单，只要能够充分实现资源动员和要素投入，沿着先发国家开辟的工业化和企业化道路走下去就可以了。

总体而言，这一高增长主要来源于外生的效率提升空间和大量的要素投入以及拷贝性的企业制度。这是一种典型的外延追赶式增长轨道，不独中国，"二战"之后不少国家都在这一轨道上运行过，从而踏上了阶段性高增长的进程。要说有不一样的地方，那就是中国在 1978 年开始实行改革开放，市场机制的引入刺激了这一进程，与全球经济的对接加快并延长了这一进程。当然与东亚其他一些经济体比较一致的是，权威主义的政治体系保护了这一进程。尤其是，中国在 2003 年以来的这一轮超高速增长，主要得益于三大红利：重化工业红利、"入世"红利、改革红利。重化工业的加速发展，是因为进入 21 世纪之后，我国人均 GDP（国内生产总值）超过 1 000 美元，导致消费升级快速推进、城市化进程快速推进、基础设施建设快速推进；我国在世纪之交加入 WTO（世界贸易组织），使中国经济更好地融入全球体系，中国制造产品的出口迅猛增长；20 世纪最后几年到 21 世纪最初几年大力度的改革，特别是国有部门大刀阔斧的改革，使新陈代谢的增长机制得到一定程度修复。

高增长无疑带来了极为正面的结果：人民生活水平大幅提高，国家综合实力显著增强，生产力水平和基础设施水平都非昔日可比。不过，外延追赶式增长是一种非常依赖要素投入和规模扩张的增长方式，这导致了对投入的过度依赖，同时会产生重大的失衡，包括产业结构失衡、储蓄与消费等重大比例失调、收入分配和国民福利的不平等，等等。需要指出的是，这个阶段的许多失衡其实是一种有意的策略性失衡。例如在新中国成立之初，毛泽东主席和梁漱溟有过一场激烈的争论。梁漱溟反对通过征收粮食、实行价格剪刀差等方式从农业"抽血"，主张给农民以更多实惠；而毛泽东则认为梁的主张不过是孔孟"施仁政"那一套东西。毛梁之争实质上是工农关系之争和消费积累关系之争，毛泽东是希望通过这种有意的失衡来加速实行工业化。

长期以来，特别是改革开放以来，这些重大失衡可以总结为这样一种逻辑：国内住户部门补贴企业部门和政府部门，国内企业部门补贴国外住户部门和政府部门。在很长时期内，失衡可以通过后续增长本身来得到一定程度的缓和，或者通过外部经济体的对冲能力而获得缓解。因此，外延追赶增长也可以称为外延失衡增长。有趣的事情是，中国的改革开放与全球冷战的结束和国际地缘政治的转折性变化几乎是同时展开的，因此在很长一段时期里，美欧发达经济体在客观上对冲了中国的重大结构失衡，与中国唱起了双簧，使中国可以不断提高储蓄率和大力发展制造业。

对1978年以来中国经济30年高速增长有了上述认识，就不难理解"十二五"后期的经济增速明显滑落。因为人口红利的消失、储蓄率的极限、追赶和模仿空间的收缩、外部世界对中国经济失衡的对冲瓶颈，都会导致外延追赶轨道上的运行失速。中国在2010年之后大致处于这样一个转折性时段。更何况，2003年之后这一轮超高速增长所享用的两大红利也已经消耗得差不多了。

曾有许多追赶型经济体经历过类似的既有轨道失速，亚洲的一些追赶型经济体尤为典型。哈佛大学教授劳伦斯·萨默斯和他的同事在2014年完成了一篇论文，分析了经济增长的"亚洲亢奋"（Asiaphoria）现象，并指出这种亢奋终将消退，实际上也可以理解为新兴经济体的既有轨道失速。从各方面指标和综合性现象来看，中国经济在"十二五"后期和"十三五"前期应该是处于既有轨道失速的敏感区域。如果新兴经济体不能成功地从外延失衡增长的旧轨道转向更加可持续的新增长轨道，那么亢奋症消退之后就有可能被冷漠症所困扰。

当下，中国应该努力转向新增长轨道，避免亢奋症之后的冷漠症。在这个新轨道上，经济增长主要不是依赖大量的要素投入和追赶式工业规模扩张，而是更多地通过在物质资本形成过程中内生地创造知识资本、使用知识资本、利用知识资本来摆脱物质资本报酬递减趋势，以更多的内生效率提升来实现适度的持续增长，同时极大地消除各种失衡，并促进社会全面繁荣进步。消除各种失衡、全面促进社会繁荣进步，不仅仅是要纠正国内住户部门对企业部门和政府部门的补贴、国内企业部门对国外住户部门和政府部门的补贴，更需要纠正那些被扭曲的收入分配和机会分配，使广大民众不但能够充分享受增长成果也能够持续投身增长进程。这是一条内生平衡增长的新轨道。

从构成经济增长各项重要因素的数量和效率水平来看，如果中国经济能够在 21 世纪第一个 10 年之后仍保持一定的速度惯性，并能够成功地转向内生平衡增长新轨道，那么在若干年份实现次高速或中高速增长，然后转向中速增长，是有可能的。

中国经济转向内生平衡增长新轨道，无疑面临着前所未遇的挑战。内生平衡增长意味着重大结构的再平衡，应该明白，再平衡是一条崎岖之路。从产业结构来看，由于中国已经处于工业化中后期，至少中国工业化的鼎盛时期已经过去，下一步的经济增长将不得不降低对工业化的依赖程度。"十二五"中后期，我国的服务业发展正在加速，这是一个好迹象，但我们不应该忽视一个重要问题，那就是服务业生产率的低增长。

美国经济学家威廉姆·鲍莫尔在对非平衡增长的宏观经济学研究中，论述了从制造业主导到服务业主导的经济增长进程中，服务业不可避免地会出现成本膨胀和生产率增速滞缓的问题。也就是说，服务业是一个生产率进步缓慢的行业，这会导致整个经济增长步入迟缓状态，甚至出现滞胀的风险。他还提醒，密集的研发活动并不一定带来经济的高速增长，因为研发本身也是一个服务行业。他的研究已经被许多国家的事实所验证。

不能忽视的是，服务业仍然不是一个全球化的行业，难以像制造业那样接受充分的国际竞争和融入全球创新体系中去，这一点也会导致服务业主导的经济缺乏足够的活力和创新。因此，尽管中国的服务业在"十二五"期间持续加速、研发活动日益活跃是我们乐于见到的，对我国下一步经济增长将会做出重要贡献，但如果把从制造业主导到服务业主导简单地理解为以服务业来取代制造业，或者在服务业膨胀的同时可以让制造业萎缩，那就大谬不然了。因此，在我国经济结构的再平衡进程中，应该考虑如何为我国制造业注入新的活力。特别是，如何使服务业发展更多地推动制造业生产率的提升和全球竞争力的增强，是一个必须得到高度重视的议题。

重大结构的再平衡还涉及消费和投资、内需和外需等关系的再平衡。现在，这几组关系正在朝着我们期望的方向改善。消费和投资之间的再平衡实际上存在很大争议，这在许多国家都是如此，所以毫不奇怪。而且，再平衡并不是刻意压制投资，而是要改变那种过度扭曲的状态。当然，消费具有内生性，与收入分配高度相关，这归根结底还是要提高劳动生产率。同样，外需与内需之间的再平衡，也不是简单地放弃外需，而是不得不放弃对外需的过度依赖，同时也要高度关注中国工业制成品的全球竞争力是否下滑。

转向内生平衡增长新轨道，更意味着增长动力的再构建。增长动力的再构建将是一个十分艰难的过程，只有亲历方能知晓。探讨国民经济在一个较长时间进程中的增长动力，现有的分析框架采取的是供给侧视角，这个视角大致较有道理。当然，供给侧的投入增加和效率提升需要转化为需求侧相应的收入和支出，这是一件更复杂的事情。从供给侧视角来看，过去 30 多年的增长，到底可以多大程度上精确分解成要素投入和生产率提升的各自贡献，在经济学界有很多争议。不过争议较少的是，过去的生产率提升主要是来自技术和管理等方面与前沿经济体的差距，差距导致的直接引进、效仿、学习和改良等，使我们可以便利地进行生产率的追赶。的确，这种差距仍然存在且还比较明显。但是，当缄默知识在追赶中变得更加重要、当技术的环境敏感性在追赶中成为更大障碍的时候，我们的经济增长动力，需要从以前过于依赖不断加码的要素投入、过于依赖物质资本的积累利用、过于依赖外延工业化而容易实现的生产率追赶，转向更多地依赖人力资本、知识资本的积累利用所贡献的生产率，从而内生地克服要素投入的约束和物质资本边际报酬递减的障碍，使我国的经济增长得以维持在一个符合逻辑的水平。这种内生增长动力的构建，一方面被再平衡的压力所逼迫，另一方面也会助益再平衡。因此，增长动力再构建，将会非常曲折，这不仅因为会涉及企业转型，还因为会涉及政府转型和制度变迁。

内生平衡增长，当然也意味着增长质量的提高，这也是我们一直孜孜追求的。但是真的应该问一问，增长质量的本质到底是什么，否则对增长质量的追求就会像一直以来的情况那样陷入严重的误区并达不到目的。在我看来，挤掉增长数据中可能存在的水分，不属于增长质量的提高，这是统计的准确性问题。GDP 增速从过去的 10% 降到 7% 将自然减少与那 3% 相应的能源消耗和污染排放，这最有可能被认为是增长质量提高了。但如果这也算是提高增长质量的话，那退回到增长理论中的马尔萨斯增长时期应该是最有增长质量了。创新也不应被列为增长质量，因为创新实际上属于增长来源问题，当要素投入无法继续增加时，不能创新就不能增长。因此，增长质量包含着比资源环境和创新更加深层的内容。

国内国外历史中曾有过那么一些高增长时期，但高增长带来的不是民众福利的普遍增进而是相反，甚至出现了大饥荒和难以计数的人饿死，出现了对民众的严厉控制和社会的窒息，这无论如何都不能算作有质量的高速增长。如果一时的高增长是建立在官僚意志、强制动员、限制自由、践踏权利的基础上，即使污染得到控制、技术水平大为提高，也不能认为是有质量的增长。增长质量的提高，本质上意味着资源配置的优化，而这背后蕴含着许多深层的内容。强行政策的退出、市场机制的强化、公民自由的伸张、国民权利的保护、大众福利的增进、政府职能的转变，与增长质量的提高基本上是一回事。这是我们在转向内生平衡增长新轨道时所必须牢记的，而且这一切须转化为政策和制度调整。

　　总而言之，下一步中国经济增长的核心问题是：能否比较顺利地实现增长轨道转换，从外延失衡增长轨道转向内生平衡增长轨道。根据前面的剖析，实现增长轨道的转换，绝不仅仅是增长战略和发展规划的新表述、新描画，也不仅仅是产业结构和技术结构的新调整、新布置，还不仅仅是调整区域差距、收入差距、经济发展与社会发展差距的新思路、新手段，而且并不是这些东西的新组合。这些东西是表象、是结果。在笔者看来，中国经济增长轨道的转换，实质上是增长秩序的重构。冯·哈耶克说，把市场秩序理解为一种能够而且也应该按照某种特定的先后顺序满足各种需要的严格意义的经济，乃是极其错误的，这种错误在那些为了实现所谓"社会正义"而靠政府政策去矫正价格和收入的行为中表现得尤为突出。在中国重构增长秩序、转换增长轨道的进程中，我们能够克服一些极其错误的东西吗？从现在的情况来看，这个问题并没有一个确定无疑的答案。一方面，中国不但在高增速时期打下了良好的体制基础，也比较快地意识到了走出既有增长轨道、转向新的增长轨道的重要性，因此有条件、有机会避免曾经困扰许多国家的那种冷漠症。另一方面，在外延失衡轨道上的巨大成功可能会强化我们对于前期经验的自傲和前期制度的自满。而许多其他经济体的经历告诉我们：外延失衡增长的一些重要经验、重要政策、重要制度恰恰会构成内生平衡增长的重大障碍。上述两个方面，对于我们而言，一则以喜，一则以忧，乐观和悲观都不缺乏各自理由。乐观的情景是，未来若干年直至十几二十年，政府致力于一揽子的实质性改革行动，使得中国经济能够在一定程度上延续高增长时期的速度惯性，在若干年份实现次高速增长或中高速增长，并及时、平稳地转向内生平衡增长新轨道，使得速度合适、质量改善的经济增长在较长时期里持续下去，在未来 10 年左右成为世界银行核算体系中的高收入国家并不断向发达国家靠拢，国民福祉不断改善，社会和谐不断增进。悲观的情景是，我们刻舟求剑地制定促进增长的政策、故步自封地拒绝真正的改革，使我国经济潜力得不到充分挖掘，导致增长过分失速，不但经济繁荣成为明日黄花，而且社会裂痕不断扩大，那样就意味着中国现代化进程陷入波折。当然，未来的实际情景最有可能是介于两者之间的某种位置，但我们非常期盼，并且理应促成那种乐观情景的出现，这样才能做到避免悲观情景的出现。

三

期盼和促成乐观情景，使中国经济能够在 21 世纪第一个 10 年之后仍保持一定的速度惯性，并能够成功地转向内生平衡增长新轨道，那么在若干年份实现次高速或中高速增长，然后持续更多年份的速度合适、质量改善的中速增长，并不是一定要像江湖术士算八字那样算出一个准确的增长速度，但学者们还是可以通过深入研究给出大致的经济增速范围。从改革开放之后 30 年的增长轨迹来看，可以把 12% 左右及以上的经济增速算作超高速，依次以 2 个百分点为台阶，把 10% 上下算作高速，8% 上下算作次高速或中高速，6% 上下算作中速。尽管可以描述经济增速范围，但实际上，经济学者通过各种模型计算出来的增速数字在很多时候并不靠谱，因为再高深的模型、再高速的电脑都不可能仿真实际经济体的复杂性和多变性，但由于整个社会还有着一种增速数字崇拜，所以即便有那么多失误的预测数字也不能阻挡更多的预测数据的发布。

笔者认为，我们将进入一个预测数据出错频率更高、出错幅度更大的时期。因为在笔者看来，无论是全球经济增长还是中国经济增长，21 世纪第一个 10 年尚可视为确定性年代，而第二个 10 年则可视为不确定性年代。在那个确定性年代里，短期模型似乎还比较好使，企业以及政府需要做的事情也比较简单：投资，投资，再投资；扩产，扩产，再扩产。只要投资扩产，就有收入利润。但是，在 2008 年爆发全球金融危机之后，虽然各国的经济刺激计划显示了短期效果，但之后不久，经济增长的轨迹就没有那么清楚了，唯一比较确定的是，不确定性年代到来了。在这个不确定性年代，经济低迷是在减轻还是加重，经济增速是会更低还是转高，人们不那么确定了。需求在哪里，资本投入和资本报酬如何相互促进，人们心里更加没底。因此，企业以及政府都表现出几多迷惘和几多踌躇，学者更是众说纷纭、莫衷一是。在不确定性的年代，学者最需要做的，其实并不是把经济增速预测做得多么精确，而是要探寻未来增长的可能边界和潜在空间，要认清下一步经济增长的真实动力和发生机制，要理顺释放增长能量和转变增长轨道的制度和政策。

从找回"失去的环节"这个角度来看待经济增长，企业活力的释放、企业创造力的激发、企业竞争力的提升、企业新陈代谢和优胜劣汰机制的形成，无疑至关紧要。千头万绪的道理归结为一句话：宏观经济增长的基础是微观经济主体。而这句话恰恰被宏观经济增长理论所抛弃了，可能是因为把这个简单道理纳入模型就会变得非常复杂，不如劳动、资本等可以标准化的变量那么容易进行数学处理。当然，这里所谓的企业不光限于公司、法人，也包括无数的从事企业活动和创新行为的个人，譬如个体工商户等等。

　　不过，在确定性年代和不确定性年代，对企业活力、企业竞争力等因素的侧重点要求并不一样。而且，在确定性年代和不确定性年代，这些因素的形成机理也不一样。例如，在确定性年代，企业竞争力的侧重点可能是成本控制和价格战，而在不确定性年代，企业竞争力的侧重点可能是发掘未知需求和发明新颖产品；在确定性年代，企业生产率的提升可能主要取决于转入高速发展的行业、购入新设备以及对职工的操作培训，而在不确定性年代，这可能主要取决于对现有行业的深耕、对流程的改进、对生产技术和产品性能实行独特化。在那个确定性年代，我国企业部门的赢利能力年年提高，但企业的利润有相当一部分是来源于资源租金和垄断租金，这种赢利模式对企业的腐蚀也非常严重。诚然，国家对资源的过度占有、政府对经济的过度管制，导致了这种赢利模式的流行，但企业自己也难辞其咎。当中国经济不得不转向内生平衡增长新轨道的时候，企业部门的利润来源就不得不从资源租金、垄断租金和简单的规模报酬递增转向创新租金和差异化租金，过去轨道上的资产负债表危机就一定会降临，企业部门必须要重思和重整资产负债表，才能成为新增长轨道上的行星，而经济增长才能获得一定的速度。

　　总的来看，相对于内生平衡增长时代而言，整个外延追赶增长时代，都可以视为确定性时代。当然前者可以相应视为不确定性时代，因为外延追赶增长可以比较容易对先行国家进行模仿、借鉴、学习、引进、纵向分工与贸易，这些都会极大地减少不确定性。要转入新增长轨道，就需要在新的环境中，以新的方式方法，拓展新的渠道来进一步释放企业活力、激发企业创造力、提升企业竞争力、强化企业新陈代谢和优胜劣汰机能，这实际上就是要推进一揽子结构性改革来重振全要素生产率。我们这样来认识中国下一步经济增长，不仅遵循了一种常识，还可以让我们比较"像样"地使用宏观经济模型，从而使宏观框架与微观分析更好地连接而不是脱节。事实上，过去十几年里已经有不少经济学家在这样做。提高全要素生产率当然并不是什么独特新颖的观点，但是真正意识到重振全要素生产率对下一步经济增长的决定性作用，意识到重振全要素生产率需要发掘新的内生生产率来源，并真正下硬功夫去实现这一点，却比很多人想象的困难得多。下硬功夫去实现这一点，关键是要及时推进一揽子结构性改革。

一揽子结构性改革计划，主要应该包括要素配置领域的改革、企业领域的改革、财政和政府领域的改革。推进这三个领域的改革，在提升效率、缓解失衡方面的效果最为显著。

在要素配置方面，无论是金融、土地领域，还是劳动力领域，尽管过去 30 多年已经引入了市场机制并且市场机制发挥着越来越重要的作用，但是仍然存在许多严重的扭曲。如果能够消除这些扭曲，就能够产生新的提高配置效率的空间，对于保持中国经济的适度、持续增长具有重要意义。金融改革应该着力放松管制、消除抑制，金融机构应进一步提高商业化程度和产权改革的力度，并加快发展以民营资本为主导的各类中小金融机构；应推进金融体系全面市场化的进程，包括利率、汇率、资本账户、行业准入等方面都需要进一步加快市场化。同时，金融监管体系也需要进一步的改革，使监管的独立性和专业性得到强化。土地领域虽然非常复杂，争论也很多，并且涉及方方面面的利益，但是必须要推进改革。笔者认为，中国目前的土地制度的问题可以用"土权不清、土权分置"来概括。解决"土权不清、土权分置"问题应该成为下一步土地制度改革的重点。在劳动力领域，重点应该是打破"二元身份"的状况，促进进城就业人员身份的市民化，并在劳动力市场的弹性和安全性之间进行合理平衡。

在企业领域，尽管竞争机制已经显示出力量，但是竞争的公平性还比较欠缺，特别是在国有企业和非国有企业之间、大企业和中小企业之间，离平等竞争、优胜劣汰的状态还有较大距离。政府力量常常阻碍公平竞争的出现，如此一来，内生平衡增长就会缺乏坚实的微观基础。所以，必须要改革政府与企业之间的关系，使不同规模、不同所有制的企业可以平等地获取各种资源和商业机会，要形成一种"一臂之距"的新型政企关系。这里尤其要强调国有部门的改革。在国有部门控制经济命脉并且坚持主导地位的情形下，不同所有制实现平等竞争、优胜劣汰就是一句空话。

我们的模拟研究显示：改革步伐停滞的国有企业，在新阶段的中国经济中起着增长抑制作用，构成了对下一步经济增长的拖累；坚持推进国企改革，对于提振经济增速具有重要作用；及时推进新一轮国企改革，特别是对大型龙头国企进行实质性改革和相应重组，在下一步的发展进程中，有助于打造中国经济的"升级版"和跨越"中等收入陷阱"。推进新一轮国企改革，需要引入一种新范式。新范式的核心内容，就是要推行主动性的、有时间表的总体性产权改革，以此为基础，推动公司治理转型和涵盖业务结构、资产负债、组织构架、管理流程、员工政策、薪酬福利、激励机制等在内的一揽子重组，从而实现企业的实质性再造和全球竞争力的重建。

总体性的产权改革，重点对象是那些大型和特大型国企，特别是集团性国企的最上层母公司，包括央企的母公司。除了要改建为国有资本投资运营公司的母公司之外，它们中的大多数应该实行《中共中央关于全面深化改革若干重大问题的决定》（以下简称《决定》）的混合所有制改革和相应的公司治理改造，极少数涉及国家安全和国民经济命脉的大国企可以保持国有全资状态，但也可试探多个国有机构持股的股权多元化。而广大的中小型国企，可以实行党的十六届三中全会做出的《中共中央关于完善社会主义市场经济体制的决定》的多种放活政策。在上述产权改革的同时，公司治理应该获得实质性转型，应该大力推进一揽子重组，使得大多数国企的业务结构更加合理、资产负债表更加健康、组织体系更加精简灵便、管理能力和创新能力得到强化、三项制度和激励约束机制实现与市场接轨。这样的改革和重组如果能够得以实施，那些位居行业重要地位的大型特大型集团性国企将可以重建全球竞争力，这对于中国经济继续在全球产业链和价值链中获得增长红利具有重要意义。

在一揽子结构性改革中，财政和政府领域的改革无法回避。财政领域改革可以做许多事情。首先，就是必须控制财政收入的过快增长，将政府规模限制在合理范围内。这需要对预算体制进行根本性的改革，使政府收入真正受到约束、政府支出能够提高透明度，并进行绩效衡量。只有控制了财政收入的过快增长，才能使企业部门和住户部门免于政府的过度挤压。对企业部门和住户部门，不仅仅实行结构性减税，还可以考虑实行普遍性减税。其次，要加快财政转型，促使财政专注于提供公共服务，这就要求对支出结构和支出流程进行改革。再次，需要大力改革不同层次政府之间的财政关系，需要实现政府间自主财源和应担事责的合理化。最后，要重思财政的可持续性，从国家资产负债表的视角对我国的财政体系和国家能力进行长远审视。政府领域改革，核心目标应该是建立现代政府制度。现代政府制度，第一应该是公权经由民授；第二是越权能受纠处；第三是运作透明廉洁；第四是问责清晰明确。建立现代政府制度，不但有助于厘清政府与企业、与市场的关系，也有利于厘清政府与公民、与社会的关系，有助于中国最终成为一个现代国家。

四

一揽子结构性改革，无疑是一个宏大而又细致的议程，下一步能否推进？ 2013 年 11 月，党的十八届三中全会通过了《中共中央关于全面深化改革若干重大问题的决定》，这是 10 年来最重要的一份改革文件，这份文件重新点燃了整个社会对改革的希望。在某种意义上，中国是一个文件国家，文件对国家政治、经济乃至日常生活，都有着重大影响。不过从历史上来看，发布改革文件，并不自然等同于中国这艘航船将会走上文件标出的航程。2003 年 10 月，中共十六届三中全会就通过了一份很好的改革文件，那是《中共中央关于完善社会主义市场经济体制的决定》；更早一些，1999 年 9 月的十五届四中全会也通过了一份重要的改革文件，那是《中共中央关于国有企业改革和发展若干重大问题的决定》。但是后来的情况很清楚，改革文件并没有落地。希望十八届三中全会文件的结果能够避免十六届三中全会《决定》等文件的那种情况。

在现实当中，判例的力量大于文件的力量。在 21 世纪第一个 10 年里，中央和地方也出了很多文件推动改革，例如鼓励、支持、引导非公经济发展的老 36 条、新 36 条等，但这些文件出来之后没有什么动静，民间社会也看不到有什么改变。而且更重要的是，很多人对这些文件的内容根本就无动于衷，漠不关心，也根本不去记这些文件到底有什么内容，这是非常可怕的。对于民间社会来说，文件发一箩筐，文件堆成山，也没有用。政府必须要用一些具体的事实给老百姓传达信号，传达一种导向，这样的话老百姓就非常清楚我们政府是在做什么，政府在引导社会往哪个方向走了。而这些实际的事实就是推出判例，以此来给老百姓非常强烈、非常清晰的信号。这里所谓的判例，不是狭义的法院判决案例，而是泛指实际工作、现实生活中那些典型事例、重大实例，特别是国家权力在其中的态度和作为。

一个判例比一百份文件都要强，判例的力量比文件的力量要大一百倍。例如 20 世纪 90 年代初有一个年广久的判例，它所传达的信号，所给出的导向是非常清楚的，老百姓都记得住，看得见。20 世纪 70 年代末的农村改革，也是安徽小岗村的大胆之举得到政府的默许而迅速推开的。还有，中小型国企产权改革的大力推进，也与 20 世纪 90 年代中期山东诸城探索得到政府默许有很大关系。这些判例给全社会的信号，比发文件要实在、要清晰、要强烈多了。这个社会需要更多公正的、基于事实的案例，这样才能给老百姓以信心；否则，发那么多文件自说自话，并没有多大用处。

要想使一揽子结构性改革不断进行下去，需要下放改革权，或者说得更确切一些，需要清晰划分中央和地方的权限。党的十八届三中全会《决定》的全面落实，无疑需要中央统一部署、强力推动，但是从过去 30 多年的实践来看，改革的智慧在基层，改革的动力也在基层。我们通常所强调的"中央顶层设计，基层大胆探索"，以及"中央统筹协调，地方勇于试验"的推进改革的方法，可能存在严重的误区。如果中央把改革权下放给地方，地方从 GDP 竞赛转向改革竞赛，这样才有希望。从更深层次和更远视线来看，中国的央地关系需要在认真思考和广泛研讨的基础上重新理顺，并且需要制定《中央与地方关系法》以将其纳入法治的轨道。这是现代国家治理的核心内容之一。我们需要为中国的央地关系确立一个清晰的愿景，这个清晰的愿景能够为中央政府和地方政府指明一个可预期的方向。改革的基本方向，应该是水平性分工关系的形成和当地化委托—代理机制的建立。在这个方向下，我国央地关系的愿景应该是：一级政府、一级事责、一级财政、一级产权、一级公共物品、一级行政权力、一级民主治理。

　　未来，如果能够通过这样的立法，将会有利于促进地方之间由过去的 GDP 竞争转向全新的竞争，即公共物品提供的竞争、地方问责体系的竞争、地方财政稳健性的竞争、地方委托—代理机制和民主治理的竞争。这些竞争将会进一步刺激民众在不同地区间的迁徙性居住，而进一步的迁徙性居住又会继续鼓励地区间在上述方面的竞争，这就有可能形成良性循环。这种良性循环的出现，不仅有利于形成合理的、可预期的、稳定的央地关系，更有利于形成现代化的国家治理和良好的国家秩序。在水平性分工和地方化委托—代理的思路下，落实十八届三中全会精神、推进全面深化改革，完全可以有新的做法。例如在金融改革中，那些与货币政策有关的改革，明显是全国性的事项而不是地方性的事项，这不存在地方试验。而如果地方性金融机构其经营的区域范围可以限制在一个地区内的话，则可以由地方上根据地方金融服务得到满足的程度、当地金融市场竞争的激烈程度等因素来决定是否应该增加金融机构数量和种类，根据当地申请者的资本、管理、历史信誉等信息来决定给谁发放牌照。在国资国企方面的改革，最重要的是应该确立分级所有，这与水平性分工、财政的相对独立、当地化的委托—代理是一致的。在此基础上，地方国企应该由地方政府自主决定是否进行改革和如何进行改革。在财税和社保领域，应该有更加灵活的做法。譬如，某个地方经过民主治理的程序，应该可以自主决定更多地进行自主性负债，或者决定自主征收某一税种、增加某一税种的税率，并相应地增加某些本地公共物品。总之，只要秉持水平性分工和当地化委托—代理的大方向，改革的推进完全可以出现一个新局面。

五

推进改革，直接的效果，当然是成功地转向内生平衡增长新轨道，从而获得经济增长速度的合理化和可持续，但这绝不是全部。改革的推进，其深层次、基础性的意义，在于转向一个"一臂之距"的市场经济和一个平权化的公民体系。党的十八届三中全会已经明确提出，要使市场在资源配置中起决定性作用。但是，如果认为将之前所说的"基础性作用"改为现在所说的"决定性作用"，就真的成了政商分离、公平竞争的市场经济，也不一定准确。实际上，中央重要会议的决定一直在不断加码市场对于资源配置的作用。1992年十四大提出市场对资源配置起基础性作用，2002年十六大加码为更大程度发挥市场的基础性作用，十八大继续加码为更大程度更广范围发挥市场的基础性作用。"基础性"已经非常到位了，而且还不断加码，可是在实际当中却出现了一些国进民退、政府进市场退的情况。我们必须要认识到，市场并不是一种可供政府使唤、用来配置资源的工具，市场本质上就是自由，是人的自由选择的权利，是基于自然秩序的一种生活方式和一种社会制度，是认同这种生活方式和社会制度的一种价值观。如果缺乏对市场本质的认识和认同，如果缺乏对市场本质的基本保障，那么市场不过是政府手中的玩物而已，市场化改革不但可能停止，甚至还会倒退，平权化的公民体系更是无从谈起。

　　当然，建立一个完善、安全的"一臂之距"市场经济，建立一个平权化的公民体系，并不是不要政府。恰恰相反，一个现代社会，政府不但不可或缺，而且须有力量。问题在于，非现代的政府、缺乏约束的政府，常常对"一臂之距"的市场经济造成伤害，常常对平权化的公民体系构成障碍，而市场经济和公民体系在合法暴力面前则是如此脆弱、束手无策。我们不能完全忽略改革出现阶段性倒退的可能性。因此，对于紧握权力的政府而言，推进改革，在一定程度上就是把自己置之于一个"第二十二条军规"困局，而且须在这种困局中做出抉择。但念及国家与社会，抉择并不令人困窘，正如严复翻译的阿尔弗雷德·丁尼生的诗《尤利西斯》所描述：挂帆沧海，风波茫茫；或沦深底，或达仙乡；二者何择，将然未然；时乎时乎，吾奋吾力；不悚不难，丈夫之必。

第一章

转向内生平衡增长的新轨道

经济增长是个好东西，但内生平衡增长才是真正的好东西。在过去几十年的发展轨迹中，中国基本上在外延失衡增长的轨道上运行。这并不奇怪，很多追赶型经济体在起飞过程中都走出了这种轨迹，也获得了良好的经济表现。但是下一步，随着发展条件的改变和发展目标的升级，中国经济必须转向内生平衡增长的新轨道。事实上，中国经济转向新增长轨道的提示已经出现，在2012年的阶段性软着陆之后，经济体系所发出的信号越来越清晰：只有下硬功夫推进一揽子结构性改革，才能安然度过敏感期和脆弱期，实现经济结构的再平衡和增长动力的再构建，重振全要素生产率，从而收获下一步的内生平衡增长。

走出外延失衡增长的旧轨道

对于中国这样的发展中大国来说，没有增长就没有一切。即使对于人均国民总收入（GNI）已经很高但目前陷入债务困境的那些发达国家而言，人们突然领悟，如果没有经济增长来覆盖庞大的债务和各种损失，仅仅靠紧缩是难以找到出路的。因此，我们不必假装对经济增长满不在乎，更不要真的对经济增长漠不关心。但问题在于，增长的来源是什么？增长的结果是什么？不同来源和结果的组合对于社会进步又意味着什么？对于当下的中国来说，直面这些问题更有意义。

经过改革开放以来的高速增长，中国目前所面临的巨大和顽固失衡，似乎遇到了至少如下方面的难题。首先是人口红利的消失和储蓄率的极限。在"十二五"后期以及整个"十三五"期间，无论是劳动力队伍，还是投资率，都将进入明显的下降通道，这意味着要素投入将不再成为增长的主要来源。其次是以西方为主导的外部世界对中国经济失衡的对冲能力出现瓶颈。再次是追赶空间本身已经大为收缩。几年前，国务院发展研究中心的一项重大研究显示，许多追赶型经济体在进入人均 GDP 11 000 国际元（1990 年 G-K 国际元）① 左右这一区域的时候，潜在增长率显著回落。当时还有一些关心中国经济的外国经济学家，也进行了中国经济增速是否会明显下降的研究，如美国哈佛大学的德怀特·帕金斯教授和匹兹堡大学的汤姆·罗斯基教授、美国加州大学伯克利分校的巴里·埃肯格林教授等。他们的研究结论也比较类似，认为中国经济正在进入增速放缓的敏感区域。哈佛大学劳伦斯·萨默斯和他的同事在 2014 年完成了一篇论文，分析经济增长的"亚洲亢奋"现象。他们认为包括中国在内的亚洲高增长经济体将回归全球均值，并预言中国经济增速将会明显下降，十几年之后会降到 4% 以下。这些对经济显著减速现象的研究很有价值。

当然，这些研究所发现的是由多个经济体在它们增长历史中所呈现出的一种现象，这些样本呈现的这一现象是否真的具有很大普遍性，或者样本上是否仍有不少例外，还有待于更多的研究成果出现，对这一现象背后的原因如何提供令人信服的解释，也需要更深入的研究。但是，这些现象性的研究可能还是反映了这样一个可能的规律：以工业规模扩张为主要导向的外延追赶型高速增长会比人们预想的更早一些收尾。中国在"十二五"末接近了这一敏感区域。如果这个规律在中国也成立，如果中国又不能成

---

① 经济学家麦迪森以 1990 年美元为基准水平，采用购买力平价和国际多边比较的方法，创造出 "1990 年国际元"，作为衡量经济总量和人均收入的单位，简称"国际元"。

功地从外延失衡增长的旧轨道转向更加可持续的新增长轨道，那么我们所经历的"十二五"后两三年的经济减速就不是一个周期性的现象，尽管我们并不能完全排除在未来也可能会有某些段落性的较高经济增速的出现。好在现在有越来越多的人已经认识并承认了这一点。

笔者认为，尽管我们已经经历了"十二五"后两三年经济减速和结构摩擦的预演，但"十三五"才是走出外延失衡增长旧轨道的较劲期。走出旧增长轨道，不仅要改变过去的增长方式，更重要的是要调整那些建立在过去增长方式基础上的各项政策、各种经验。如果不能稳健地实现改变和调整，就可能面临一个不容掉以轻心的困局。许多追赶型经济体都经历了同样的困局，且大多数不能走出这个困局，从而落入中等收入陷阱或现代化陷阱。一些经济体即使没有落入这样的陷阱，也远远不能实现国民贫富差距的收敛。

中国要避免这种命运，必须要走出追赶型工业化时期的外延失衡增长旧轨道，真正转入新的增长轨道式。在这条新轨道上，经济增长方式不是依赖大量的要素投入和追赶式工业规模扩张，而是更多地通过在物质资本形成过程中内生地创造知识资本、使用知识资本、利用知识资本来摆脱物质资本报酬递减趋势，以内生效率提升来实现适度的持续增长，同时极大地消除各种失衡，并促进社会全面繁荣进步。消除各种失衡、全面促进社会繁荣进步，不仅仅要纠正国内住户部门对企业部门和政府部门的补贴、国内企业部门对国外住户部门和政府部门的补贴，更需要纠正那些被扭曲的收入分配和机会分配，使广大民众不但能够充分享受增长成果，也能够持续投身增长进程。我将这种增长方式称为内生平衡增长。

阶段性"软着陆"之后

对于中国经济增长来说，如果说2008年冬到2009年春由全球金融危机冲击所带来的急速下滑只是一阵短暂剧痛的话，在享受此后两年的投资和扩张狂欢之后，2012年具有拐点的意味。2012年，在各方面都认为全球金融危机已经过去的时候，而实际上外部冲击也并不明显的时候，我国工业生产增速却快速掉头向下，从14%~15%左右的水平，历史性地连续半年以上处于10%这一分界线的下方，并拉下了宏观经济增速。没有危机冲击而工业生产如此失速，是非常罕见的，这可能意味着在2009年全球经济和中国经济经历大规模刺激之后，需要一个"着陆"过程。事实上，许多分析师在危机发生后一年里都在谈论中国经济是否需要和是否能够"着陆"这一问题。

值得注意的是，2012 年最后两个月，在国家并没有出台明显的刺激性政策的情况下，工业增加值增速重新回到 10% 以上，其他数据也有企稳的态势。根据多项指标或可判断，那种快速下滑似乎获得了"软着陆"。观察是否"软着陆"当然需要很多指标，但笔者非常注重工业生产指标，特别是工业中的制造业指标。尽管我们要以更大的力气发展服务业，但中国的工业化尚未完全结束，特别是制造业的发展还有一段路程要走和可走。如果我们的政策得当，笔者认为，工业增长目前仍然是，以后五年十年里也将应该是我国经济增长的主要支柱。这与结构优化并不矛盾。由于全球经济和中国经济已经开始进入一个不确定性阶段，关于能否"着陆"和是否"着陆"还会讨论和争论下去，但从 2012 年的情况来看，可以认为这只是一次阶段性的而不是一劳永逸的"软着陆"。

如果接受这次获得了阶段性的"软着陆"的判断，那么可以认为，这次阶段性"软着陆"的方式使社会在忐忑不安中重拾了对市场力量的信心，使人们在是否需要政府大规模介入的讨论中认识到学者理性思维的作用，使政府在经济波动中培养更加成熟的心态和更加娴熟的管理技巧。因为从 2011 年夏天开始，中国经济增长出现了一些令人不安的现象，对滞胀的担忧开始加重，而国际上关于中国经济将会"硬着陆"的观点似乎越来越有影响，不但诺里尔·鲁比尼等学者预言中国经济几乎肯定会"硬着陆"，乔治·索罗斯等市场人士也大声唱空中国，之后几个月里越来越多的中小企业和大型企业陆续步入经营困境，许多人对中国经济的担忧突然加重了，甚至出现了中国经济是否会"崩溃"的猜测。进入 2012 年之后，在防止"硬着陆"的呼吁中，要求政府出台各种刺激计划和扶持计划的声浪高涨起来，政府也曾蠢蠢欲动。尽管当时也出现了政府加快投资项目审批和建设项目推进等情况，但总体来看，在 2012 年，政府并没有出现多动症和盲动症，而政府对经济发展状况的观测更密切、研判更细致、政策更妥帖，这些都体现了政府的进步。市场最终没有让政府失望，以"软着陆"回报了政府。

这次阶段性"软着陆"的意义，不单单要从增长周期的角度来看，更应该从增长阶段转换的角度来看。这次不动用大规模刺激的"软着陆"实验，一方面是对过去扭曲性发展的矫正，另一方面也是对未来稳健发展的探寻。从结构分析的角度来看，只要工业或者制造业增加值增速保持在 10% 左右且服务业发展加快，就可以保持 GDP 增速。当然，能否使我国的工业、制造业乃至整个经济的增长速度在更长时期都保持在我们期望的水平，能否比较准确地判断我国经济潜在增速在当前和以后一个时期到底处于什么水平，并不是一件容易的事情。那么多的分析模型，那么多的经济学家和经济研究机构，在丰富多彩和变幻莫测的实际经济活动面前，都只能做小学生和小徒弟。但是，这并不妨碍我们可以根据各项综合分析和根据经济发展轨迹，对下一时段我国经济增长投射一种期望——期望增长潜力可以得到很好挖掘，期望增长轨道可以实现平稳转换——关键取决于结构性改革能否及时推进和及时见效。

即使能保持更长时间的中速增长，尽管从全球范围来看仍然处于很高的水平，但与改革开放以来 10% 的潜在增长率相比已有明显调整。这对我国的财政体系、金融体系和企业部门会产生什么样的影响和多大的影响，

以及我们应该如何应对，是值得认真研究的问题。中国的财政体系和金融
体系相对而言还是比较强健的，特别是考虑到我国未来 10 年仍有较高的潜
在增长率，对各种损失的覆盖能力较强，只要我们能够提前防范风险、调
整行为，就可以将影响控制在一定的范围之内。

重振全要素生产率力争若干年次高速增长

　　无论是全球经济增长还是中国经济增长，21 世纪第一个 10 年可以视为确定性年代，而第二个 10 年则可以视为不确定性年代。在那个确定性年代里，很多人几乎可以确定，经济阴霾逐渐消散，经济增长正在加快，不知如何冒出的需求旺盛不已，不知如何形成的资本源源不断，这些都无须深究，所以企业以及政府需要做的事情就比较简单了：投资，投资，再投资；扩产，扩产，再扩产。只要投资扩产，就有收入利润。而在 2008 年爆发全球金融危机之后，虽然各国的经济刺激计划显示了短期效果，但之后不久，经济增长的轨迹就没有那么清楚了，唯一比较确定的是，不确定性年代到来了。在这个不确定性年代，经济低迷是在减轻还是加重，经济增速是会更低还是转高，人们不那么确定了；需求在哪里，资本投入和资本报酬如何相互促进，人们心里更加没底。因此，企业以及政府都表现出几多迷惘和几多踌躇。

中国尽管表现相对良好，但显然也未能避免不确定性年代，不但"十二五"后两三年的经济增速显示出一种不确定性的波动，未来几年的经济增速有很大可能还会面临诸多不确定性的困扰。我们能看到很多的增长机会，但也体会到抓住机会变得越来越难，或者说，以前熟练的那些抓住机会的手法越来越不管用。不过，如果能够使中国经济在21世纪第一个10年之后仍然保持一定的速度惯性，并能够成功地通过有力度的结构性改革使中国经济转向内生平衡增长新轨道，那么在若干年份实现次高速或中高速增长，然后持续更多年份的速度合适、质量改善的中速增长，是有可能的。

什么是次高速或中高速增长？什么是中速增长？经济增长速度作为一个宏观指标，并没有明确的高速、中速、低速划分标准。同样一个增长速度，放在不同国家或者一个国家的不同发展阶段，评判是完全不一样的。比较好的视角是，应该从一个经济体自身发展历程的变迁和增长潜力的变化看待增长速度。中国大约10%的年均增长维持了30多年，而其他成功的追赶经济体如日本、韩国只维持了十来年，这属于典型的高速增长阶段。用钱纳里的框架来分析，中国的产业结构演变和人口转移尚未完成，恩格尔系数和人均资本存量等指标也显示着较大的发展空间，因此可以以10%为高限，以2个百分点为一个台阶，来粗略地形容增长速度的高中低。对于过去曾有过的显著高于10%的增长，我们可以称为超高速增长，这样的增长不太寻常。如果以10%为中枢的增长属于高速的话，把以8%为中枢的增长称为中速似乎有悖于人们的常理性认知，而称之为次高速可能更加合适一些，或者也可以称为中高速。由此往下，以 6% 为中枢的增长可以称为中速，以 4% 为中枢的增长可以称为低速。这样的划分对于仍然在追赶前沿国家、有着 30 多年 10% 增长历程的中国而言，应该是恰当的。

接下来的问题是，从 2012 年经济增速开始明显下滑之后，在若干年份里实现 8% 左右的经济增长有可能吗？而且实现这个速度时可以将其他重要宏观指标譬如通货膨胀和汇率保持在均衡水平的附近吗？这取决于之后几年潜在产出水平的增速是否在 8% 附近。准确计算潜在产出水平比较困难，许多花样百出、看起来非常深奥的计算其实并不严谨，所以很多人觉得比较稳妥的方法反而是从过去的增长轨迹来估算未来的增长潜力，当然也要与模型预测结合起来。仅从中国"十二五"前两三年的增长情况来看，特别是从 2012 年的增长情况来看，如果剔除掉 2009 年大规模刺激计划的后续影响，应该可以判断 2012 年前后的潜在增长速度处于 8% 附近。因为我们在投资热潮逐渐消退、国内消费进行周期性自我调整、国际贸易回归新正常的情况下实现了 7.8% 的增长，而且通货膨胀保持在比较合理的水平，就业指标也符合预期。但是，随着时间的推移，往后的年份里，不但我国人口红利消失速度会加快、技术进口的难度会加大，而且还会面临一些不可测的因素，例如国有企业对经济增长的拖累和干扰等，都有可能使我国经济的潜在增速和实际增速更快地偏离以前的预期值，脱离我们所设定的中枢。不过这没有关系，只要通过结构性改革充分挖掘各种增长潜力，只要经济增长的基本面不发生颠覆性的变化，我们仍然可以在若干年之内将中国经济增长中枢设置在次高速到中速这一区间之内。

　　经济增速重要，宏观指标的组合也非常重要，在有些情况下可能还更加重要，所以我们要在良好宏观指标组合下来考虑能否实现次高速增长。从宏观指标的组合来考虑，由于结构性因素仍然可能倒逼货币投放形成通胀压力或者形成资产泡沫，在储蓄率无法更高的情况下，减少中国经济对投资的依赖可以使宏观指标的组合更加优化，但这会在一定时期内压低 GDP 增速。中国的基础设施建设、城市化水平、制造业升级都还需要大量投资，中国的人均资本存量与前沿国家相比仍然处于较低水平，为什么要减少对投资的依赖而且要因此而牺牲 GDP 增速？就是要获得更好的宏观指标组合和更加接近于均衡的结构，譬如要将通货膨胀控制在较低水平并防止出现大的资产泡沫，以及增强住户部门消费与经济增长之间的相互促进关系从而使经济增长更快更多地惠及普通百姓。教科书上所谓的均衡也许在现实中并不存在，但是做一些简单的比较是有益的。2011 年，中国的资本形成在 GDP 当中的比重达到了 49.2% 的空前水平，日本在高增长结束前夜的 1973 年也不过 36.4%。更加有益的分析是，我们可以发现，在过去几年里，尽管投资大幅度增长，但是资本回报率下降了，而且更重要的是，资本回报率与资金成本之间的差距明显地收缩了。如果模拟市场化的利率水平，这个差距的收缩更加显著，这应该意味着中国经济严重地偏离均衡状态。如果将新创造的价值更多地引向住户部门消费，使消费和积累之间的比例关系更加有利于资源分配的优化，使资本形成的规模与对投资的真实需要在时间匹配和行业匹配上更加合理，这不正好可以抑制资本边际报酬的过快下降和增加消费对于增长的促进作用吗？

　　一些外国学者对中国过去 30 多年做了增长核算，发现 20 世纪 90 年代全要素生产率在 GDP 增长中的贡献最高，曾经达到 5 个百分点左右的水平，之后不断下降，但对于要素投入的依赖程度却加重了。而现在，一方面要降低增长对于投资的依赖，另一方面传统的人口红利又在快速消失当中，从增长核算的角度来看，怎么能在若干年份里实现次高速增长呢？笔者认为，除了可以采取措施提高劳动参与率之外，最重要的就是要推进一揽子结构性改革拓展新渠道来重振全要素生产率，这是未来增长需要挖掘的源泉。完全可以说，能否拓展新渠道以重振全要素生产率，是实现次高速增长和此后中速增长的决定性因素。提高全要素生产率当然并不是什么独特新颖的观点，但是真正意识到当下重振全要素生产率对下一步经济增长的决定性作用，意识到重振全要素生产率需要拓展新渠道，并真正下硬功夫推进一揽子结构性改革去实现这一点，却比很多人想象的困难得多。对此，我们绝不能掉以轻心，绝不能认为次高速增长和中速增长是理所当然的逻辑和轻易可摘的果实。

为 4 万亿计划说句公道话

　　随着时间推移，人们对 2008 年底国家推出的 4 万亿经济刺激计划的负面后果看得更加清楚，批评之声越来越多。对一项政策的不当之处和负面后果进行批评体现了社会的进步，但对当时情景下政府出台这项重大干预行动，还是应该说句公道话，这样才能在以后碰到类似情景时应对更加得当。

　　2008 年下半年美欧爆发的金融危机迅速向全球蔓延，中国也受到了很大冲击。2008 年 6 月，工业增加值增速还在 16.0% 的高位，而 11 月降到了 5.4%，不少企业陷入停产半停产状态，农民工成批返乡，地方财政陷入困难境地。可以说，这是一种自由落体式的跌落，不接住就可能摔碎。在这样的情景下，如果政府不介入，难道不会被指责无动于衷和不作为吗？

更重要的是，危机是否会更加恶化，危机能在何时结束，当时充斥的是五花八门的预言，哪些经济学家给出了令人信服的预测呢？政治人物面临的紧迫选择是：怎样做才能避免发不出工资和大批人员失去工作，怎样做才能避免金融动荡、经济动荡和社会动荡。你可以说他们短视，但遗憾的是，老百姓在多数情况下是短视动物，他们并不愿意接受短期阵痛。只有极少数伟大的政治家能够动员老百姓克服短期痛苦甚至以苦为乐，但绝大多数政治家做不到。

我国出台的 4 万亿计划，无论从当时的 GDP 总量和财政收入规模的角度来衡量，还是从公共部门和私人部门的负债水平、金融体系和财政体系的稳健程度来看，都不算太庞大。4 万亿元开支的覆盖范围，几乎全部是基础设施、公用事业和产业升级类的投资项目。从"4 万亿"的执行效果来看，不仅在 2009 年春季就使工业增加值增速稳定到 8% 的水平，夏季还上升到 10%，促进了经济的稳步复苏，而且在随后几年里使我国基础设施和公用事业有了明显改善。1998 年，我国政府为应对亚洲金融危机，也出台过大规模刺激计划，也形成了一大笔政府债务。朱镕基在 2003 年即将卸任总理时，认为不能光看到这一大笔政府债务，实际上留下了一大笔优质资产。2008 年的"4 万亿"也留下了一大笔有益于国家发展的资产，这是看得到的事实。

真正带来很大副作用的是"4 万亿"的扩大化。当然，在中国目前这种体制下，任何政府介入计划，特别是大手笔的投资计划，有很大的可能性会层层加码、级级放大，有很大的必然性会演变为不断膨胀的扩大版。如果决策者不能预料到这一点，的确是一种失误。"4 万亿"出台后，各部门、各地区、各大企业，纷纷搭车出台各自的以投资为重点的刺激计划，合计达到 20 万亿元以上。还有一个失误，就是在"4 万亿"已经产生了稳定经济的良好效果后的 2010 年，由于全球金融危机出现反复，特别是欧洲爆发主权债务危机，我国政府实际上进行了第二次刺激。现在看来，第二次刺激属于过度反应，但当时经济学家们也没有能够对欧债危机走向做出清晰判断，随之也不能对全球经济复苏进程做出准确判断。

"4 万亿"的扩大化，当然也包括"4 万亿"本身的实施，尽管开始是政府的失误，但金融体系无疑起到了至关重要的推动作用。从央行到商业银行，再到监管机构，如此狂欢于资产负债表的扩张和资金投放，这就要考问央行、商业银行、监管机构的专业性和独立性了。我们可以争辩，所谓的独立性和专业性都是相对的，美国的类似机构不也存在这个问题吗？但是比较一下，不能不说我们的专业性和独立性实在是差远了。政府出于短期需要，出台一些计划来扩大投资、刺激经济，这是可以理解的。在那些讨好选民、争取选票的民主国家更是屡见不鲜，因为政府是有任期的，政客的选举更是必须计较一时而不必计较一世。但是金融机构要考虑长远，不能随便迎合政治人物的短期需要，也不能图自己的一时痛快，它们必须要对机构的长期稳定发展负责。但是看一看我国金融机构在 2008 年之后那几年的表现，在政府的号令下，银行几乎是追着企业发放贷款，当时蔚为奇观，而现在沦为笑谈。如果我们的金融体系不能提高专业性和独立性，它既会在政府推行刺激计划时辅助推动，也会在政府推行紧缩计划时雪上加霜；既会附和政府不当地投放资金，也会附和政府不当地不投放资金。这会对经济稳定运行构成伤害，对金融业自身的发展也没有好处。

政府的介入更值得反思。政府在当时情景下以凯恩斯主义政策实行短期干预没有错，但没有退出机制而长期化就错了；当时采取凯恩斯主义的总量政策没有错，但没有结构性改革政策的跟进就错了。此外，政府介入还应该有明确的规模和清晰的边界。美国那时也有政府的强势介入，但其市场救援和经济刺激计划有明确的资金规模和投放目的，无论是计划的通过还是资金的投放项目，要么必须得到国会批准，要么必须获得国会授权，所用资金的来源乃至涉及的融资工具都有具体的清单，同时，基本上规定了各具体计划的到期时限和退出机制。在 2008 年之后好几年里，美联储还实行 QE（量化宽松）政策，但也有额度和期限以及退出机制。即便如此，争议仍然不少。这些对于我国都有借鉴意义。

经济发展总会有波动，2008 年那样的极端情景也不会是最后一次。我国经济和社会从 21 世纪第二个 10 年开始，似乎进入了一个敏感期和脆弱期，而全球再平衡和结构性改革又不如想象的那样顺利，因此，我国政府仍需对宏观经济运行保持警觉。比较好的做法可能是，政府制定一个反常情景和极端情景的识别清单和一个相应的具有退出机制的政策清单，以准确识别不可容忍的情景，并使政府介入具有可控的规模和清晰的边界。更重要的是，平时勤烧结构性改革的高香，急时可少抱凯恩斯的佛脚。

什么是增长质量

现在，政府不断强调要以提高经济增长质量和效益为中心。尽管强调经济增长的质量和效益并不是什么新思路，但随着经济增速不断下滑，政府对质量和效益的确越来越关注了。增长效益比较好理解，因为可以通过一些部门性的指标来衡量，例如利润率、增加值率等，而什么是增长质量却不容易有一个明确和一致的理解，中央政府和有关经济管理部门也没有给出确切解释。

挤掉增长数据中可能存在的水分，不属于增长质量的提高，这是统计的准确性问题。GDP 增速从过去的 10% 降到 7% 将自然减少与那 3% 相应的能源消耗和污染排放，这最有可能被认为是增长质量提高了。但如果这也算是提高增长质量的话，那退回到增长理论中的马尔萨斯增长时期应该是最有增长质量了。当代高增长源于工业革命，这必然与物质能源消耗和生态足迹联系在一起，但是中国极度严重的资源环境问题在相当大的程度上超出了其增长水平本身所衍生的副产品。即使我们能够在未来几年以极大努力来缓解资源环境问题，但如果增长本身的机制和指向方面的严重问题不能得到有效解决，我们绝不认为增长质量提高了。创新也不应被列为增长质量，因为创新实际上属于增长来源问题，当要素投入无法继续增加时，不能创新就不能增长。因此，在我看来，增长质量包含着比资源环境和创新更加深层的内容。

为了更好地理解增长质量，我们可以来看看我国和其他一些国家历史上的高增长。苏联在第二次世界大战爆发之前的十几年和结束之后的十几年，都经历过令美英等国羡慕的高速增长，但是后来苏联广大民众越来越厌倦那种不能带来国民福利普遍增进的经济增长，越来越厌倦那种强制动员和限制权利的增长体制。显然，上述的高增长没有高质量，最终是不可持续的。更多的经济体在第二次世界大战之后都有过一段较高增长的历史，后来落入中等收入陷阱，可以说与增长质量问题有着直接关系。

过去30多年我国的高增长，以及改革开放前短暂的几段高增长，与资源的强行动员和要素的强行投入有很大关系。在工业化较早阶段，这种做法可以理解，在东亚一些具有权威政治根基的国家尤其如此。但是，强制政策对社会层面的伤害和对经济增长本身的伤害是难以预料的，更遑论其合法性问题。中国要提高增长质量，主要应该解决这个问题，而这也是各种失衡和各种矛盾的重要根源。客观地讲，改革开放以来的市场化进程已经在很大程度上缓解了这个问题。只要做一些简单的比较，就可以发现，改革开放之后所谓的"调整、整顿"比改革开放之前无论频度还是力度都要缓和得多，更没有出现改革开放前的一些悲惨片段。但由于改革开放之后的高速增长已经积累了如此大的经济体量，所积累起来的失衡和矛盾之严重自然不在话下。在加总的分析框架中，资源动员和要素投入最后都表现为资本。众所周知，在过去 10 年中，我国 GDP 当中资本形成的比重从 37% 渐次上升到 49%，而住户部门消费的比重从 46% 渐次下降到 35%。尽管学界认为官方统计数据低估了住户部门消费比重，即使该比重的实际值比官方统计值高出 10 个百分点，鉴于中国人均 GDP 按 2005 年购买力平价已达 1 万美元左右，45% 的消费比重仍然很低。中国的国民财富分布和收入分配呈现两极化，中产阶层仅占总人口的 15% 左右，一部分国民在很长时期里的生活水平并没有实现与经济增速相当的提高。这些都是严重关乎增长质量的问题。有着长达 30 多年的高增长，如果住户部门的可支配实际收入和有效需求被严重压抑，民众受惠长期滞后，这无论如何也不能算是高质量的增长，哪怕环境恶化和创新不足等问题有所改善。

笔者毫不轻视投资对于经济增长的重要性。较高的资本形成有它的用处，特别是对于追赶型经济体改善在全球产业体系中的位置十分重要，而经济学理论在这方面的形式化分析似较欠缺，因而加总的分析方法可能出现误导，迷信一些经济学理论的确有可能抓瞎。但是他国的经验和对我国的实际观察告诉我们，当一个齐全的产业体系基本建成之后，以往行之有效的促进资本形成的政策需要适时退出，特别是那种"强行"政策必须终结，否则会导致该时段的过度资本形成，并自然而然地压低资本报酬和居民所得，劣化资源配置，形成巨大浪费。许多实证研究都显示，中国正严重地处于这种状况。

因此，增长质量的提高，本质上意味着资源配置的优化，而这背后蕴含着许多深层的内容。强行政策的退出、市场机制的强化、公民自由的伸张、国民权利的保护、大众福利的增进、政府职能的转变，与增长质量的提高基本上是一回事。

经济增长的敏感期与脆弱期

自 1978 年以来，我国的改革开放已经进行了 30 多年，并取得了举世瞩目的成就。笔者认为，随着长期维持在两位数以上的高增长时期的结束，我国正在进入一个增长轨道转换的敏感期和各种矛盾显露的脆弱期。我们能否安然度过这一时期？我们怎样才能安然度过这一时期？现在到了必须寻找答案的时候。

经济减速的结构性因素

2011 年下半年以来，我国经济增速进入下行通道，2012 年第二季度的增速下滑到 7.6%。这是 2008 年全球金融危机之后的又一次明显下滑。2008

年的增速下滑在很大程度上是由外部冲击所引发，并与我国经济增长的周期性调整重叠在一起。而 2011 年以来的经济下行，到底是源自市场自身的周期性规律，还是源自政策性扰动，抑或是源自深层次的结构性因素？这是我们需要认真思考的问题。

已经有越来越多的人认识到，尽管周期性规律和政策性扰动仍然是主要原因，但是一些结构性因素正在迅速地成为我国经济持续增长的阻碍力量。这种阻碍力量如不能及时清除，中国经济能否跨越中等收入陷阱，中国社会能否成功地实现现代化，就会打一个大的问号。

要辨清这些结构性因素的阻碍作用，首先必须要对我国过去 30 多年的经济增长和社会变迁有一个正确的认识，特别是要对过去 30 多年高速发展的背后是否存在一个所谓的"中国模式"要有一个清醒的判断。没人可以否认，自 1978 年改革开放以来，年均大约 10% 的经济增长率给中国社会带来了令人赞叹的变化。但是，对我国过去 30 多年的高速增长不必过度解读，更不应错误解读。过去 30 多年的高增长可以看作一个奇迹，但并不要当成一个谜团，更不要固化成一个模式。仔细探究中国这一高增长的进程，就会发现这大部分不过是所谓的东亚模式的翻版，仍然属于后发经济体的外延追赶式增长，主要是建立在外生的效率提升空间和大量的要素投入的基础之上。一些后发经济体常常出现的有意的失衡，如注重资本形成而轻视最终消费、注重可贸易的制造部门而轻视不可贸易的服务部门等，在中国都存在。不过，由于中国独特的经济社会结构以及最大限度地利用全球经济，这些失衡反而帮助了中国的阶段性高速增长。

当然，特别需要强调的是，与许多其他追赶经济体所不同的是，中国恰恰在"文革"后集中精力搞经济的同时，推进了市场化改革，使市场化改革成为经济起飞的强大助推器。这就是通常所说的市场化改革解放了生产力，实际上是改革带来的制度红利促进了生产率的提升，这是其他东亚国家所没有的。从经济发展的进程来看，总体而言并不存在什么"中国模式"，中国的经济起飞道路和许多其他追赶型经济体并无本质差别。我记得美国斯坦福大学经济学家青木昌彦教授曾经撰文分析过东亚国家的发展阶段，他说追赶型经济体一共会经历五个阶段，有 M（马尔萨斯）阶段、G（政府介入）阶段、K（库兹涅茨）阶段、H（人力资本）阶段、PD（后人口转换）阶段。在这些不同阶段，经济增长会呈现不同的特征，会要求政府承担不同的角色，日本、韩国、中国都有着类似的经历。从这个角度来看，中国并不独特。青木昌彦教授的文章也较好地解释了为什么中国和其他追赶型经济体的经济增速最终会放缓，就是因为会经历这些趋势性的结构变化，以及由此带来的制度适应性问题。

那么，在全球范围内普遍存在的"停止追赶"的情形会不会发生在中国身上？从生产函数的角度来看，经济增长无非来自要素投入的增加和效率的提升。在外延追赶式增长过程中，资本积累得以启动并不断强化，工业化魔方的转动将资本、劳动力、土地和其他自然资源等源源不断地卷入经济增长进程，要素的配置效率也因此而大幅提升，同时大量的设备引进和设备购置以及学习效应的出现有助于技术效率的迅速提高。这些都有力地促进了经济增长。但是，这种过度依赖要素投入和复制模仿的增长方式久而久之就可能生产很多毒素集聚于一个国家的机体之内，造成资源配置的扭曲、要素的浪费、创新欲望的疲弱，以及一些重大比例关系的失调和社会结构的失衡；同时，追赶阶段普遍存在的政府过度介入还会带来腐败丛生和公权失范等问题。在这样的情况下，随着外生效率提升空间的收缩和要素投入出现瓶颈，以及一些重大失衡对增长的掣肘越来越强，就很容易理解为什么外延追赶式增长会逐渐失速。这种深层次的结构性因素，对增长引擎的浇灭作用有时候是像温水煮青蛙那样逐渐发生的，有时候像山洪暴发那样突然发生。不管以哪种形式出现，像其他追赶型经济体一样，中国也不能排除这种失速的可能性。尽管中国经济在人均 GDP 方面仍然有很大的追赶空间和增长潜力，所以不能简单地认为经济追赶即将完成，但经济追赶和外延追赶式增长是两个不同的概念，这是需要特别注意的地方。我们必须要看到，过去 30 多年来推动中国经济高速增长的许多有利因素在逐渐衰竭，中国从"十二五"中后期开始进入潜在增长率明显放缓的敏感期、各种失衡需要纠正和各种矛盾可能爆发的脆弱期。从人均 GDP 水平、工业化程度和一些重要工业产品产量等方面来判断，许多挑战将在"十三五"出现。中国的市场化改革曾经有力地推动了增长，如果改革进程出现停滞、反复、中断，则会加剧经济和社会的脆弱性。对于这些，我们绝对不能掉以轻心。

需要一揽子结构性改革计划

为了消除各种深层次的结构性问题，以度过这样一个敏感期和脆弱期，中国需要一个一揽子结构性改革计划，以使中国转入内生平衡增长新轨道。

一揽子结构性改革计划，主要包括要素配置领域的改革、企业领域的改革、财政和政府领域的改革。推进这三个领域的改革，在提高效率或减少失衡方面的效果最为显著。

在要素配置方面，无论是金融、土地领域，还是劳动力领域，尽管过去 30 多年已经引入了市场机制并且市场机制发挥着越来越重要的作用，但是仍然存在许多严重的扭曲，市场机制还不够完善并受到来自于政府和国有部门的许多干扰，许多重要的要素并没有流向效率最高的部门和企业，要素价格也明显偏离均衡水平。如果消除这些扭曲，就能够产生新的提高配置效率的空间，对于保持适度的持续增长具有重要意义。特别是金融领域，加快推进改革对于促进实体经济的发展和增强自身的风险管理能力都极为重要。目前，我国的金融体系仍然受到严重的抑制，而且存在结构失衡、维持成本高、具有潜在不稳定性等问题。下一步的改革应该着力放松管制、消除抑制，金融机构应进一步提高商业化程度，并应该广泛引入中小型、多元化的银行和存贷机构及其他金融机构，扩大金融体系的覆盖面；应着力于建立更加平衡、多样的金融体系，并推进金融体系全面市场化的进程，包括利率、汇率、资本账户、行业准入等方面需要进一步加快市场化进程。同时，应该重构监管体系，建立一个专业化、负责任的监管体系，使中国的金融体系变得更加强健。土地领域虽然非常复杂，争论也很多，并且涉及方方面面的利益，但是目前许多地方的改革实验非常有意义。我认为，中国目前的土地制度可以用"土权不清、土权分置"来概括。"土权不清、土权分置"不但造成市场割裂，同时也造成社会割裂，解决"土权不清、土权分置"问题应该成为下一步改革的重点。我们应该赋予农村居民以更加完整的土地权利，打破政府对市场的垄断，形成城乡统一的土地市场，政府应该回归严格的规划和监管职能。在劳动力领域，重点应该是打破"二元身份"的状况，促进进城就业人员身份的市民化，并在劳动力市场的弹性和安全性之间进行合理平衡。

在企业领域，尽管竞争机制已经显示力量，但是竞争的公平性还比较欠缺，特别是在国有企业和非国有企业之间、大企业和中小企业之间，离平等竞争、优胜劣汰的状态还有较大距离。政府力量常常阻碍公平竞争的出现，如此一来，内生平衡增长就会缺乏坚实的微观基础。所以，必须要改革政府与企业之间的关系，使不同规模、不同所有制的企业可以平等地获取各种资源和商业机会，形成一种"一臂之距"的新型政企关系。这里尤其要强调国有部门的改革。在国有部门控制经济命脉并且坚持主导地位的情形下，不同所有制实现平等竞争、优胜劣汰就是一句空话。总体而言，国有部门的运营效率和创新效率都明显低于民营部门，却占用了大量的经济资源，而且这些资源的占用往往是廉价的甚至是免费的。这对于保持经济较快增长没有任何好处，并会伤害创新能力的形成。因此，必须要对国有部门进行实质性重组。重组的主要目标就是要主动削减国有部门规模，并使保留下来的国有企业主要以混合所有制的现代公司形式存在。

关于国有部门的改革，我国已经形成了一整套方针、政策、规章，如通过兼并联合、承包租赁、改制出售等方式放开搞活中小国有企业，通过股权多元化和混合所有制的方式改造大型国有企业等。只要我们坚持不懈地走下去，就能够一步一步地实现目标，关键是改革不能停滞不前，更不能倒退。即使要保留一些国有企业，也应该解决行政垄断问题。目前中国经济领域存在大量的行政垄断，准入和竞争都受到了不合理的排斥，这对于效率提升构成了严重的障碍。要解决行政垄断问题，需要重新审议给予国有企业优先待遇的战略产业、基础支柱产业清单。在我国，这类清单包含的内容过于广泛，包括了很多在大多数高收入国家都非常开放的产业，而国有制对这些产业的必要性并不明显，更何况政府可以通过法规监管实现其目的。而制定一个解决包括近期和远期问题在内的关于国有制的清晰政策会对审查这类产业清单有所帮助。再强调一下，如果不大力削减国有部门的规模，不对政府进行约束，行政垄断是很难消除的。同时，应该充实已经出台的反垄断法的内容，使反垄断法能够对行政垄断进行干预。

在一揽子结构性改革计划中，财政和政府领域的改革无法回避。政府改革具有独特性，推行起来非常困难，相对而言，从财政改革入手比较容易，财政改革的推进可以带动政府改革。下一步的结构性改革，在财政领域可以做许多事情。

首先，就是必须要控制财政收入的过快增长，将政府规模限制在合理范围内。这需要对预算体制进行根本性的改革，使政府收入真正受到约束，政府支出能够提高透明度，并进行绩效衡量。只有控制了财政收入的过快增长，才能使企业部门和住户部门免于政府的过度挤压。不仅仅是对企业部门和住户部门实行结构性减税，还可以考虑实行普遍性减税。只有轻赋薄税，才能使企业部门和住户部门在内生平衡增长中发挥更大的自主性作用。当然，收入结构也需要调整，这可以与资源领域的改革和国有部门的改革结合起来。其次，要加快财政转型，促使财政专注于提供公共服务。这就要求对支出结构和支出流程进行改革，使教育、医疗卫生、环境保护、社会保障等得到更多的财政支持。再次，需要大力改革不同层次政府之间的财政关系，需要实现政府间自主财源和应担事责的合理化。同时，要重思财政的可持续性，从国家资产负债表的视角对我国的财政体系和国家能力进行长远审视，使国家的现代化具有更加可靠和更加适度的财政基础。

需要现代政府制度

中国存在一个大政府、强政府。遗憾的是，许多人把大政府、强政府当成了保持高增长的一个经验。我认为，如果说在外延追赶工业化时期，政府可以发挥稍多一点积极作用的话，那么要转入内生平衡增长新轨道，必须要改变大政府、强政府的状况。中国人均收入并不高，但我国政府可能是世界上最富有的政府之一。单就政府收入而言，按大口径计算，占GDP 的比重接近 40%，差不多可以与那些人均收入较高的福利国家媲美了。但考虑到那些福利国家的政府收入当中用于社保和民生的比重比我国大得多，所以我国政府实际比它们要富有得多。另外，中国政府还有几十万亿的国有净资产，拥有不计其数的资源和可以随意转化为国有的土地，中国政府的富有程度就更高了，这与居民富有程度较低形成了巨大反差。这种反差不仅有道义上的问题，事实上也会阻碍我国经济转入内生平衡增长的新轨道。中国政府的强势更是许多国家不能望其项背的，在资源配置当中，在产业发展当中，在企业运营当中，在行业监管当中，政府的有形之手已经远远伸出了合理的界限，再加上一个比较庞大的国有部门，政府的全能地位无法撼动。

转变政府职能在 2003 年党的十六届三中全会已经正式提出，并已经强调了多年，但为什么进展甚微？现在看来，一方面是要素配置和国有企业的市场化改革不够导致政府不能撤出，另一方面是政府改革没有确立一个明确的目标。笔者认为，政府改革也可以参照企业改革，设立一个建立现代政府制度的明确目标。有了这样一个明确目标，一步一步地走下去，有利于推动传统政府逐渐成为现代政府。

转向内生平衡增长的新轨道

　　中国经济增速不但在中国内部受到高度关注并引起争论，也在全球范围受到高度关注并引起争论。从 2011 年以来的三四年里，这个增速经历了一个出乎很多人意料的较明显的下滑过程，但即使下滑到目前这样的区间，增速的稳与不稳仍然受到刺激政策的扰动，无论研究人员还是政府官员都难以对未来的增长稳态做出令人信服的确切判断。2014 年和 2015 年，经济增速都处于不稳定之中，一些经济指标还显示出相互矛盾、令人迷惘的景象。在这个时候，我们更需要获得方位感和寻找方向感，以使中国的经济政策能够泰然自若地正确挥洒。

速度惯性减弱与增长韧性增强

在 2010 年之前的 30 多年时间里，无论是由于外部冲击的原因还是在内部调整的原因，每当经济增速明显下滑时，经过自我消化及政策刺激，经济增速在两三年左右或更短的时间里又会重回高速轨道，抑制过热的政策有时都难以遏制这种高增长势头，这实际上体现了高增长阶段的速度惯性。但 2011 年至 2014 年，我们仍然没有看到这种以前反复出现过的恢复高增长势头的情景。当然，经济增速非常难预测，再复杂的模型在很多时候都徒有华丽花哨的外表而已，我们无法断言中国经济绝不会再出现阶段性的高增长现象。不过，从"十二五"后两年刺激政策的效果来看，中国经济在高增长时期所保有的那种速度惯性确乎是减弱了，我们没有看到稍微松一松刹车或者稍微踩一踩油门，又恢复高速行驶的那种惯性。这可能印证了所谓的中高速增长。

在速度惯性减弱的时候，我们发现增长韧性有所增强。必须承认，增长韧性，在标准的宏观经济学中并没有这个概念及相应的分析框架。不过，我们可以借鉴新凯恩斯主义关于真实刚性方面的分析来谈论增长韧性。从中国经济的实情来看，除了大家已经十分认可的就业等宏观指标之外，如果我们能够更多地从非宏观的层面来考察经济增长和经济波动等宏观问题，并从某些有意义的角度来衡量增长韧性，这对于预防处于增速换挡期和结构改革期的中国经济的脆裂，是十分有益的。我认为，从市场化导向行业和企业的营利性、产业结构的自调性、进入和退出的顺利性这三个维度来分析我国经济增长的韧性，可能是恰当的。

市场化导向行业和企业的营利性，最能体现增长韧性。在"十二五"期间，我国一些行业的销售利润率在 GDP 增速下行中明显下滑或者剧烈波动，例如煤炭、钢铁、化工、造船、光伏等，这些都是深受政策影响或者饱受政策折腾的行业。但是也有一些行业的销售利润率比较稳定，例如家电、食品、纺织、医药等，特别是纺织业的销售利润率从 10 年前到现在都是一个稳定上升的趋势。这些是真正市场化导向的行业，竞争比较充分，开放程度较高。市场化导向的行业和企业仍能保持不错的盈利，就可以覆盖利息支付和本金偿付，保证金融体系和整个经济的基本稳定，而且为进一步的投资扩张和升级转型奠定基础。因此可以判断，在市场化导向的私企占比不断提高的情况下，我国经济的增长韧性有所增强。

产业结构的自我调整能力，也能反映我国经济的增长韧性。当下我国的产业结构是否正在进行有意义的自我调整，以适应重化工业化大潮消退带来的经济增速下滑和经济增长阶段转变呢？从服务业的情况来看，这种自我调整正在出现。政府过去十几二十年里出台很多政策来调整产业结构，都不理想。"十二五"后两年，服务业增速继续保持去年以来明显高于工业增速的势头，占 GDP 的比重进一步上升。实际上，我国服务业增速和规模很有可能被明显低估了，因为我国的统计体系主要针对工业而设计，服务业存在很多"漏统"，特别是服务业中占比最高的"其他服务业"，包括了信息传输、计算机服务和软件业，租赁和商务服务业，居民服务和其他服务业。文化、体育和娱乐业等，"漏统"成分可能更大，就是传统的餐饮服务业，也普遍存在"漏统"的情况。那些常常被"漏统"的非正规部门有很强的渗透性。从日常生活中也可发现服务业的劳动力市场较活跃，看不出经济低迷。可以判断，服务业的发展正在增强中国经济的韧性，有些小行业正孕育着巨大发展空间。即使在工业内部，我们看到，"十二五"中后期，制造业增加值的增速仍然能够保持在 10% 左右或者离 10% 不远，这远比采掘业和水电气供应业的增速更稳定。对工业增速拖累最大的实际上是采掘业和水电气供应业，这两个行业的增速下滑并不值得过分担忧，那些过分依赖资源开发的省份因此而遭受增速下滑的折磨，恰恰是"资源诅咒"的应验。而制造业更加重要，根据美国经济学家里卡多·霍斯曼等人的研究，制造业所创造的经济复杂性是经济活力和经济增长的最重要来源，只要中国制造业增加值能够保持不错的增速，就能够在较大程度上缓解我们对较低工业增速的忧虑。

经济活动的进入和退出若变得更加顺利，也就意味着经济增长的韧性在增强。与前两个维度相比，对进入和退出顺利性的测度并无现成指标，但还是可以通过对现实的观测来形成粗略判断，并且也可构建一些间接指标。优胜劣汰是市场竞争的正常结果，如果不能劣汰，也就无法优胜。总体而言，我国经济活动的进入和退出机制还不顺畅，需要通过进一步的结构性改革来疏通进入和退出通道。但相比较而言，"十二五"后期，我国企业的破产关闭、停产歇业、兼并重组等退出现象在增多。特别是那些竞争比较充分、国家干预较少、民企占主导的行业，退出更加活跃，不但有中小企业退出，也有大企业退出，并且退出的同时，也有一些新资本、新企业进入。即使在那些被认为产能严重过剩的行业，也有一些新资本和新企业带着新的技术或工艺、新的理念或模式进来了。这些都有利于市场出清和产业创新，虽然有一时的增速放缓，但经济增长的机能会随着资源错配、市场扭曲和竞争受阻的清除而得以恢复。

经济结构的再平衡与增长动力的再构建

在论及增长韧性的时候，我们粗略地分析了产业结构的变化，看到了结构变迁的一些好的迹象。从更广泛的范围来分析中国经济中那些重要的结构性问题，应该能够洞察到再平衡的大幕似乎正在开启。

不过，对中国经济结构再平衡的迹象应该做一分为二的分析，不要仅仅从比例数据的变化和静态的角度来简单地评价再平衡。即使从前面已经提到，也为大家最熟悉的产业结构来看，当我们为服务业加速发展而欣慰的时候，不应该忽视一个重要问题，那就是服务业生产率的低增长。美国经济学家威廉姆·鲍莫尔在对非平衡增长的宏观经济学研究中，论述了从制造业主导到服务业主导的经济增长进程中，服务业不可避免地会出现成本膨胀和生产率增速滞缓的问题。也就是说，服务业是一个生产率进步缓慢的行业，这会导致整个经济增长步入迟缓状态，甚至出现滞胀的风险。他还提醒，密集的研发活动并不一定带来经济的高增长，因为研发本身也是一个服务行业。他的研究已经被许多国家的事实所验证。威廉姆·鲍莫尔还忽视了一点，那就是服务业仍然不是一个全球化的行业，难以像制造业那样接受充分的国际竞争和融入全球创新体系，这一点也会导致服务业主导的经济缺乏足够的活力和创新。因此，尽管服务业持续加速、研发活动日益活跃是我们乐于见到的，特别是与互联网等有关的新兴服务业的爆发式发展，以及医疗和文化等长期受到抑制的传统服务业的复苏性发展，对我国下一步经济增长将会做出重要贡献，但如果把从制造业主导到服务业主导简单地理解为以服务业来取代制造业，或者在服务业膨胀的同时可以让制造业萎缩，那就大谬不然了。

笔者认为，在我国经济结构的再平衡进程中，应该考虑如何为我国制造业注入新的活力。现在美国正在力推再工业化，欧洲和日本也进一步认识到制造业的重要性，处于这样的大背景下，可能会出现国与国之间制造业竞争加剧的情况。因此，当我国的工业化在未来趋于成熟、服务业份额不断攀升的情况下，如何使服务业发展更多地推动制造业生产率的提升和全球竞争力的增强，是一个必须得到高度重视的议题。如果这方面做得比较成功，我国制造业增加值的增速在未来较长时期都能够相对稳定，那就可以为我国经济的中高速增长注入燃烧更久、热力更大的燃料。

经济结构的再平衡还涉及消费和投资、内需和外需等关系的再平衡。从过去一两年的数据来看，这几组关系正在朝着我们期望的方向改善。消费和投资之间的再平衡实际上存在很大争论，这在许多国家都是如此，所以毫不奇怪。由于我国在"十二五"后期重振经济增速政策的效果低于预期，而且许多行业存在比较明显的产能利用率不足，那种加大投资力度、扩张总需求的政策建议很自然会引起决策者的注意，一些经济学家因而担心政策再次转向投资驱动的方向。而另一些经济学家则争辩，我国的消费率被显著低估了，那种热捧消费而冷落投资的思维不但在理论上站不住脚，在实际中也是有害的。

笔者认为，再平衡并不是刻意压制投资，而是要改变那种过度扭曲的状态。也许，经济学理论上所论述的消费与储蓄之间的黄金律，以及符合黄金律的平衡增长路径，在实际当中并不存在，但我国资本报酬下降意味着过度投资和过于超前的投资是严重的。而对于拥有十几亿人口的中国而言，当前这样的消费率，即使根据估算进行大幅度上调，仍然有着较大的再平衡空间。当然，消费具有内生性，与收入分配高度相关，这归根结底还是要提高劳动生产率。吊诡的是，提高生产率可能与轻视投资是相互矛盾的，当前对投资的轻视有可能导致未来生产率上升势头的进一步丧失。这也进一步说明，再平衡不仅仅是简单地压缩资本形成，而是要对 GDP 中份额趋于缩减的资本进行更加有效的分配，配置到那些在新的情形下最有益于生产率提升的方面去，譬如从基础设施等土木建筑为主的投资，更多地流向工艺改进、流程改造、技术研发、产业链重组、新兴业务勃兴当中去。

同样，外需与内需之间的再平衡，也不是简单地放弃外需，而是不得不放弃对外需的过度依赖。我国经济的中高速增长对外需的依赖正在减弱，这是好事，但是也要观察中国工业制成品的全球竞争力是否下滑。我们不应该对再平衡产生误会，将经济增长对外需依赖的减弱误认为是一国产业体系的全球竞争力减弱。在过去 30 多年里，特别是加入 WTO 之后，中国将自己的工业制成品在全球的竞争优势发挥得淋漓尽致。但是，这些竞争优势主要是低成本，以及对市场的快速反应能力。问题在于，当我们内部启动结构再平衡的时候，收入水平更低的其他一些经济体也在开始构建低成本之类的竞争优势了。

我们无法预知我国工业制成品的低成本竞争优势在未来几年里是否会被其他发展中国家逐渐取代，但回顾一下过去二三十年的历史有益的。这期间中国众多的制造行业取代了曾经先行于我们的发展中国家的制造业，随之东南亚国家和拉美国家出现了去制造业化的情况。那些国家一度成型的制造业不但没有进一步发展壮大，反而在没有成熟的时候就衰落了，而制造业的衰落在很大程度上等同于经济增速的滑落。我们不能说中国会出现同样的去制造业化的情况，但是当我们原有的竞争优势无可奈何地逐步丧失的时候，在一个全球化的竞争环境中要避免去制造业化的命运，就需要实现制造业的全球竞争优势的及时转换，这样才能避免再平衡成为经济增长的一个陷阱。

以上所有的分析实际上可以归结为一句话：在经济结构再平衡的同时，必须要进行增长动力的再构建。经济结构的再平衡，在很大程度上是一种不可抗拒的规律，而增长动力的再构建，则在很大程度上是一种无法偷懒的工作。探讨国民经济在一个较长时间进程中的增长动力，现有的分析框架采取的是供给侧视角。这个视角大致较有道理。当然，供给侧的投入增加和效率提升需要转化为需求侧相应的收入和支出，这是一件更复杂的事情。从供给侧视角来看，过去30多年的增长，到底可以多大程度地精确分解要素投入和生产率提升的各自贡献，在经济学界有很多争议。不过争议较少的是，过去的生产率提升主要是来自技术和管理等方面与前沿经济体的差距，差距导致的直接引进、效仿、学习和改良等等，使我们可以便利地进行生产率的追赶。的确，这种差距仍然存在且还比较明显。但是，当缄默知识在追赶中变得更加重要、当技术的环境敏感性在追赶中成为更大障碍的时候，我们的经济增长动力，需要从以前过于依赖不断加码的要素投入、过于依赖物质资本的积累利用、过于依赖外延工业化而容易实现的生产率追赶，转向更多地依赖人力资本、知识资本的积累利用所贡献的生产率，使我国的经济增长得以维持在一个符合逻辑的水平。这种内生增长动力的构建，一方面被再平衡的压力所逼迫，另一方面也会助益于再平衡。概括而言，我国未来的增长之路，应该是一个内生平衡增长的新轨道。

促进内生平衡增长的政策取向

转向内生平衡增长的新轨道，会在中国自动发生吗？从过去两三年的一些积极变化来看，我们能看出朝着这个方向发展的迹象，但这些初步的变化远远不够，我们不能指望一切会自动发生。恰恰相反，这需要产业界和政府做出艰苦的努力，特别是政府需要对一些重大的政策取向进行根本性的调整。政府的短期宏观政策目标应该有所改变，从经济增速提振改变为经济运行稳定，以防止经济运行出现大的波动以及由此引发的风险，更重要的是，政府须着力推进长期的结构性改革政策，促进经济增长朝着所期望的新轨道前进。

转向经济增长的新轨道，创新的重要性将空前提高，尽管这是众所周知的事情，而且政府对创新表现出前所未有的重视，但是未来需要更加重视分散试错型创新，因为模仿改良型创新的空间已经大为收缩。在分散试错的创新体系中，更加完善的市场机制、更加公平的竞争环境可以发挥更大的作用，而政府也绝对不是无所作为。总的来说，政府应该极大地放松管制，同时应该对政府职能进行再定位，从以显性公共物品（如良好的基础设施）提供为重点过渡到以隐性公共物品（如产权保护、社会信心、更加包容的教育与更加自由的基础研究等等）提供为重点。

虽然政府已经开始树立这方面的意识并且已经开始某些行动，但在现实当中，我们也看到了很多自相矛盾的政府政策和政府行为。比如，政府一方面承诺取消审批，另一方面又将一些行业判定为产能严重过剩并进行新增产能控制等方面的严厉管制，包括政府直接控制企业产能项目的审批、左右商业银行的判断、要求商业银行不能给某些行业的企业贷款，以及对证券市场进行类似干预，划定某些行业的企业不能上市融资，等等。须知，分散试错型创新可以发生在任何行业和任何企业，传统行业和企业在活跃创新当中，也可能实现竞争优势的及时转换，从而成为全球范围内有较强竞争力的行业和企业，何况放开竞争的行业哪一个不产能过剩。更具挑战的是，我们这里谈论的政府是一个宽概念的政府，实际上是指包括司法在内的国家治理体系，这个治理体系要提供良好的隐性公共物品，还需要付出艰苦的努力。

倾斜性的产业政策不利于转向内生平衡增长的新轨道，应该被摈弃。倾斜性产业本质上是政府判定产业和企业的优先程度以及政府掌控并分配经济资源。在外延追赶阶段，精英型政府在一定程度上可以选定一个时期的支柱产业和支柱企业，并进行重点扶持，包括将政府直接或间接掌控的资金、土地、政府信用等资源倾注其中，同时可以适度控制竞争者的数量和协调竞争者的行为，防止所谓的"过度竞争"情形出现。不过从理论上来看，随着前沿距离的改变和时间的推移，政府进行定向倾斜支持的空间越来越小，更重要的是，在实际当中，我们发现产业政策的正面效果很差而负面后果更多，其中一个负面后果就是严重失衡和竞争不公的出现。要转向内生平衡增长的新轨道，政府在经济领域的身份应该改变，应该从过去的倾斜支持型政府转变为竞争中立型政府，从特惠型政府转变为普惠型政府。身份的转变，会导致政府权力的丧失，特别是自由裁量权的丧失，会要求政府显著地减少对资源的掌控和配置，还会将产业界的激烈竞争，有时会是恶劣的竞争，带到政府面前，让政府感受到传统语境中所谓的重复建设、资源浪费之苦，这些对政府都将是严峻的考验。

政府还需要建立更加顺畅的商业活动进入与退出机制。近一两年，商业活动的进入机制已经有了较大的改变，企业注册设立和年检制度都变得更加自由和更加便利，同时政府还建立了企业有关信息的公开制度，这非常有助于企业透明度的提升和诚信守法环境的形成。这项改革成果需要进一步巩固。这一两年企业退出也有明显增加，但这些退出活动在很大程度上是处理大规模经济刺激计划的后遗症，而正常化的商业活动退出机制还远未形成。如果没有顺畅的退出机制，资源就会耗费在拖累生产率提升的那些经济活动中，这对于转入经济增长的新轨道自然是不利的。特别是大量的国有企业受到或明或暗的各种庇护和资源倾注，而且还保留了一些计划经济的遗产，导致其退出非常困难，即使那些长期经营困难的国有企业也难以关闭和出售重组。因此，未来几年必须要加快清理国有企业，行政性垄断对国有企业的保护应该取消，计划经济留下来的遗产应该清除，各种父爱政策和拖延战术应该停止。即使是民营企业，如果规模大到一定程度，退出机制也会受到很大扭曲，不但企业会绑架政府，政府也会因一时的税收和社会稳定之虑而采取不当的庇护政策。政府需要采取更加有力的行动改变这些状况。

　　总之，转向内生平衡增长的新轨道，并不是一件瓜熟蒂落、水到渠成的事情，而是一件种瓜得瓜、挖渠得水的事情。清晰的政策取向，可以成为转向新轨道的助推剂。

第二章

结构性改革能"落地"吗

一揽子结构性改革对于实现下一步的内生平衡增长具有决定性作用。尽管改革文件已经写明要让市场在资源配置中发挥决定性作用，但是市场的本质是自由，资源配置只是市场的外在表现。如果缺乏对市场本质的认识和接受，市场仍然是不安全的，市场化改革出现倒退的可能性在现实中仍然存在。从过去的经验来看，判例的力量大于文件的力量，许多成功的改革都是兴起于基层、认可于高层，如果新一轮改革仍然能够沿着这样的改革路径前行，就较有希望，否则就不应仅仅因为有一个改革文件就盲目乐观。从更基础的框架来看，需要重建央地关系，并制定《中央与地方关系法》。

改革文件的落实

    党的十八届三中全会通过了《中共中央关于全面深化改革若干重大问题》的决定，这是 10 年来最重要的一份改革文件，这份文件重新点燃了整个社会对改革的希望。但是，改革文件如何落实，人们还在期待之中。十八届三中全会《决定》的内容很丰富，涉及面非常广，但要把文字变成现实绝非易事，要使改革设想"落地"有大量后续工作要做。在某种意义上，中国是一个文件国家，文件对国家政治、经济乃至日常生活都有着重大影响。这些影响在很多时候是看不见但感觉得到的，当然过去三四十年里很多改革开放和社会进步行动也是通过文件来启动和推动的。不过从历史上来看，发布改革文件，并不自然等同于中国这艘航船将会走上文件标出的航程。2003 年 10 月，中共十六届三中全会就通过了一份很好的改革文件，那是《中共中央关于完善社会主义市场经济体制的决定》，这个《决定》当时非常振奋人心。但之后 10 年历史告诉人们，一个灰暗的改革进程与一份亮丽的改革文件反差有多大。更早一些，1999 年 9 月的十五届四中全会也通过了一份重要的改革文件，那是《中共中央关于国有企业改革和发展若干重大问题的决定》。这个《决定》设定了到 2010 年要实现的重要改革目标，当然 2010 年的现实到底如何是不难看清楚的。希望十八届三中全会文件的结果能够避免十六届三中全会文件的那种情况。

在我看来，十八届三中全会所描绘的改革，大致可以分为四个大类：一是价格改革，包括资源价格的市场化和利率市场化、汇率形成机制市场化等；二是准入改革，包括打破行政垄断、在自然垄断行业放开竞争性环节、开办民营银行等；三是产权改革，包括国企产权改革、土地产权改革等；四是国家治理改革，包括约束政府权力、改革财政体系、调整政府层级之间关系、司法改革、教科文卫领域改革、事业单位改革等等。有一项十分重要的改革，可以归纳为人的身份制度改革，实际上很多内容包含在国企改革、事业单位改革、政府改革等领域之中，并且与社会保障制度改革相互交织。人的身份制度改革可以看作广义的国家治理改革的一部分，也可以单独列为第五大类。

从十八届三中全会之后一段时间的情况来看，很多部门对价格改革持积极态度，对准入改革明里积极暗里消极，对产权改革、国家治理改革持回避和观望态度，对人的身份制度改革有畏难情绪。但实际上，后几个领域的改革比价格改革重要得多。产权改革是市场化改革的基础工程，不推进产权改革，整个市场化改革的进程就会受到严重制约或者被严重扭曲，所以属于全面深化改革的关键领域之一。国家治理改革和人的身份制度改革更是整个国家迈向现代社会的基础工程。如果后几个领域的改革不能及时推进，十八届三中全会文件关于全面深化改革的方案能否及时推进和按时实现，就不容乐观，甚至还有可能出现改革倒退。这样的话，就会破坏整个社会对于改革的信心，改革文件就不被视为可信承诺。未来，要重拾被破坏的改革信心就大不容易，甚至"改革"这个词都有可能遭到社会的嘲弄。

　　与十六届三中全会开完之后不同的是，十八届三中全会设立了中央全面深化改革领导小组。这是一个党中央的小组。社会上对这个新设立的改革领导小组寄予了很大期望。全会之后不久，中央全面深化改革领导小组就正式亮相并召开第一次会议。从中央全面深化改革领导小组的构成来看，这无疑是一个强大的阵容，具有足够的政治权力和驾驭能力。笔者从学者的角度来看，要使十八届三中全会制定的宏大改革蓝图得到实施，改革领导小组设立之后，有三件事值得考虑。

　　一是建立可监控的改革时间表。中央全面深化改革领导小组第一次会议提出，落实十八届三中全会各项改革举措，要有时间表。这非常好。十八届三中全会提出了一个时间节点，即：到2020年，《决定》中提出的各项改革任务必须完成。一个体系性的改革是一环扣一环地向前推进的，仅仅有个时间节点还不行。为了避免前面环节的改革不能及时推进而影响后面环节改革的启动，进而拖延整个改革进程，可监控的时间表是一项非常有用的管理工具。这个时间表应该大致规定各项重要改革的进度。譬如，

2014—2015 年，2016—2017 年，2018—2019 年，这几个时间段里，哪些领域必须完成哪些环节的改革，都应该清晰地体现于这个时间表当中。这个时间表可以与各项改革的技术路线图结合起来使用，例如，金融领域的利率市场化改革的技术路线，除了依照从长期利率到短期利率、从贷款利率到存款利率这样的顺序，在金融监管方面应该进行怎样的配套改革，以及在开放准入、引入新的竞争主体方面应该迈出多大多快的步子，都应该有所规定。技术路线图与分段时间表结合起来使用，可以防止一些部门技术性地逃避改革，譬如，国有企业进行混合所有制改革的技术路线，到底是子公司改为混合所有制而母公司维持国有独资，还是母公司也必须改为混合所有制？100 多家央企母公司在各个时间段里应该完成多少家混合所有制改造？如果缺乏清晰的技术路线图和分段时间表，对混合所有制这项重要改革进行敷衍是非常容易的。

二是建立改革项目的评估机制。实施各项改革的具体工作，并不是由改革领导小组亲自操刀，而是由各部门、各地区来完成。改革领导小组不但应该对改革进度进行监控和管理，也应该对改革的成色和改革的效果进行评估。以前党的一些重要会议也提出过不少非常好的改革举措，但有些却不了了之，无人追究。为了防止这种情况的出现，有必要对每项重要改革，根据阶段性时间表所规定的进度，适时进行评估。评估内容包括：所规定的改革到底在多大程度上付诸实施，实施的效果如何，不能完全付诸实施的原因又是什么，是否需要对改革方案进行调整，等等。

十八届三中全会《决定》中很多改革内容都非常重要，但在《决定》里只有一两句话，一些部门、一些地区在贯彻实施的时候，进行成色不足的改革，并非没有可能。譬如，放宽金融业准入、允许民间资本发起设立中小型银行等金融机构，《决定》中只有一两句话，但这事关中国金融业是否能够真正市场化的问题。监管部门已经表示，总体思路是开放准入、严格监管、试点先行、有序推进，首批试点 3~5 家。这几句貌似周全的官方语言说明了什么呢？在"放开"的帽子下，是一颗不放开的脑袋。放进来三五家民营银行，的确也是改革，但是如果试点七八年、一年三五家，这种装点门面的改革除了标榜自己在落实中央精神，又有多大实质意义呢？现实当中，这种装点门面的改革比比皆是。如果改革领导小组能建立评估机制，可在较大程度上克服这个问题。

三是下放改革权。十八届三中全会《决定》的全面落实，无疑需要中央统一部署、强力推动，但是从过去 30 多年的实践来看，改革的智慧在基层，改革的动力也在基层。基层的改革行动难免粗糙，但不应把基层妖魔化。过去几年里，中央一直在推行简政放权，十八届三中全会之后，最重要的放权应该是下放改革权。中央全面深化改革领导小组已经要求各省区市尽快建立全面深化改革领导小组，并同中央全面深化改革领导小组形成联系机制。这当然有利于改革的全面协调和整体推进，但就怕出现下面坐等上面布置改革任务、上面审批下面的改革方案的情形。十八届三中全会之后不久，有一次上海市市长在上海"两会"期间与各区代表座谈时提出批评，各区都在等待市里布置改革，没有见到各区主动改革。这是一个微妙的信息。如果各地区各部门把改革当成一项上面布置的作业、担忧抢跑和乱跑而裹足不前，改革前景就值得担忧了，改革文件不能成为可信承诺就未必是杞人忧天。如果中央把改革权下放给地方，地方从 GDP 竞赛转向改革竞赛，这样才有希望。从更深层次以更远视线来看，中国的央地关系需要在认真思考和广泛研讨的基础上重新理顺，并且需要制定《中央与地方关系法》以将其纳入法治的轨道。这是现代国家治理的核心内容之一。

从行为经济学看深化改革

在过去30多年里，我国经济体制改革从现代经济学中获得了不少启发，这种启发在改革方案的设计方面可能体现得更加直接一些。但对于改革方案如何能够得以实施下去，或者说，为什么本身尚可的改革方案在现实中难以落地、生根、结果，经济学在过去所提供的解释非常有限，至少笔者没有看到这方面有系统研究的文献。在笔者看来，从新兴的行为经济学视角来思考这个问题是有益的，因为传统的经济学是建立在理性假说的基础上的，而改革方案的推行，需要面对很多在传统经济学看来是非理性的东西。行为经济学正是处理偏离理性行为的一门经济学科。

十八届三中全会做出了全面深化改革的决定，中央还成立了全面深化改革领导小组。但是等全会过去一两年，许多人发现改革的推进其实没有当初想象的那么快速，所以变得更加冷静了。当前改革为什么比以前更难推进？很多人都说这是因为要"啃硬骨头"。但"硬骨头"到底是什么？就改革的内容而言，目前的改革内容绝大部分是上一轮改革中断之后的延续，没有太多的全新内容，所以谈不上这轮改革的内容有多"硬"。譬如，各界都很关注的国企改革，无论是混合所有制，还是"管理人员能上能下、工资能高能低、人员能进能出"等三项制度，以及重组和破产关闭，还有防止国有资产流失的各项措施，过去早就大规模地实施过了。土地制度改革，各地的实践也非常丰富，经验总结非常多。就改革的技术路线而言，也不属于啃不动的"硬"。目前的改革并不比20世纪80年代和90年代更复杂，甚至还要更简单一些，因为经过过去二三十年的试错，人们对如何推进某项改革、如何提高某项改革的成功率要比以前有更丰富的认知。就改革的阻力而言，无论是来自意识形态的阻力，还是来自利益集团的阻力，并不是现在才"硬"。20世纪70年代末搞联产承包责任制，以邓小平的权威和胡耀邦等人的执行力，还不是有些省份或明或暗地抵制了好多年才推开？20世纪90年代搞改革，所谓的"中梗阻"也非常厉害，即政府的委办局在中间阻挠改革。

在笔者看来，当前要深化改革，除了需要领导层内心有坚定的改革方向和坚强的改革决心之外，现实世界中的真正"硬骨头"，应该是利益集团的利益维持意识和利益维持能力空前增强。在一个开放社会中，利益集团的存在是正常的。中国面临的问题是，各种利益集团的力量均势严重失衡且严重失范。这会刺激各种利益集团非客观地感知自己的劣势位置，包括优势利益集团在内的许多利益集团，都会认为社会对己不公，并尽力维持已经获取的既得利益，哪怕这些既得利益低于其均衡数额。在中国，利益集团的表达方式非常具有中国特色，即不直接拿自己的利益说事，而是拿政治这些东西说事，这是需要高度注意的。这里头就有一些在传统经济学看来是非理性的东西，越是非理性就越"硬"，所以行为经济学就用得上了。

行为经济学认为，在面对变化的时候，人们的损失厌恶和不均厌恶会主导他们对待变化的态度，左右他们的行为。深化改革对多数人而言就是将一项变化带到他们的面前。他们会盘算：这项变化即使很有可能明年给我带来 100 元的收益，但现在就会给我带来 10 元的损失。为了避免当前的 10 元损失，许多人会抵制变革。这就是损失厌恶。改革也会使人们面临相互对比所出现的变化。现在他有 20 元收益，我有 10 元收益，甚至 30 元收益，即使一项改革很有可能将我的收益提高到 100 元，但也会将他的收益提高到 200 元。为了避免这种相互对比的变化，许多人也会抵制改革。改革还有可能使人与人之间的收益差距显性化，这会更加便于普通人对收益差距进行量化计算。现在我的收益是 10 元，而他的收益尽管很高但大部分是隐性的，我与他的收益差距不易形成一个量化的心理冲击。如果一项改革没有改变我的收益却给了他 100 元的显性收益，行为经济学的心理核算理论认为，这会增强编码程度和可编辑性，使得收益不均更容易被感知，从而导致一些人抵制改革。这就是不均厌恶。在很多时候，我们看到的抵制，是来自所谓的短视损失厌恶和短视不均厌恶，不但优势利益集团抵制改革，劣势利益集团出于短视的厌恶也抵制改革。因而一个社会中，同时有许多群体宁愿守着当前收益其实不高也并不均等的格局而不愿改革。行为经济学所分析的这种"窄框架"现象，其实就是一种典型的抱残守缺。

　　如何才能突破这种"窄框架"？行为经济学的前景理论可以为我们提供一个视角。当面对不确定性进行决策时，尽管会出现损失厌恶和不均厌恶的情况，但是人们会评估和检测各种可能的前景，并对确定性较强、收益较高的前景做出倾向性选择，如果某些因素的概率提高，损失厌恶和不均厌恶的程度就可能下降。就我国的情形而言，有许多方法可以这么做。如果政府能够重新定义各种利益集团的合理前景并提供可信承诺，重点是显著提高由公共产品所带来的收益的概率，降低不均程度，并削减少数人从公共产品中所获取的不当收益数额，人们的心理核算就可能发生相应改变，对改革的抵制就可能减少。当然，如果利益集团并不直接表达利益，而且拿政治等说事，但背后主要还是对利益的关注，那么就需要复合型的消除改革阻力和改革疑虑的方法。也就是说，除了突破行为经济学中的"窄框架"之外，还需要适当的"思想政治工作"来发挥作用。其实，实事求是、正面诱导的"思想政治工作"，也是一种行为经济学的方法。还需要提示的是，前景理论不是望梅止渴理论，不是编造一个关于未来收益的虚假故事暂时蒙混过关，而更像是立木取信理论，需要从眼前进行改进以使人们建立对未来的信心。因此特别需要强调的是，一个不信任政府、不相信未来的社会，是无法应用前景理论的。

市场的本质

　　过去三四十年中国经济增长的优异表现，有各种各样的因素，但从制度层面来看，决定性的因素应该是市场机制的引入和强化。下一步的中国经济增长，需要更加完善的市场机制做基础，这基本上成为一种共识。好消息是，党的十八届三中全会已经明确提出，要使市场在资源配置中起决定性作用。这无疑是十八届三中全会的一个亮点。但是，如果认为将"基础性作用"改为"决定性作用"，就真的成了市场经济了，那可不一定。

　　实际上在过去 10 年里，中央重要会议的决定一直在不断强化市场对于资源配置的作用。1992 年十四大提出市场对资源配置起基础性作用，2002年十六大强化为更大程度发挥市场的基础性作用，十八大继续强化为更大程度更广范围发挥市场的基础性作用。"基础性"已经非常到位了，而且还不断强化，可是在实际当中却出现了一些国进民退、政府进市场退的情况。这到底是为什么呢？

其实从字面上就很容易理解。在我国的经济体制中，市场不过是在资源配置中发挥作用的一种东西，而且市场到底发挥什么作用，也是"使"出来的，"使"市场发挥什么作用就发挥什么作用。谁来"使"，文件里没有说主语，那当然就是党和政府了。说穿了，市场就是一种可供使唤用来配置资源的工具。

把市场当成一种配置资源的工具，我国学界是谁先提出来的我不知道，领导层应该是邓小平。早在 20 世纪 80 年代末 90 年代初，邓小平"南方讲话"就说，计划经济不等于社会主义，市场经济不等于资本主义，资本主义也有计划，社会主义也有市场，计划和市场都是手段。在那个时候有这样的认识、有这样的提法，对于我国经济体制从计划经济转向市场经济，具有解放思想的突破性意义。但 20 多年过去了，不但与完善的市场经济体制相去甚远，连市场化方向本身都时受威胁。如果我们对市场的认识还仅仅停留在一种配置资源的工具上面，就远远不够了。

市场的本质到底是什么？新古典经济学对市场竞争和市场价格有非常完美的模型化分析，经济学过去 30 年的进展也从信息、理性、博弈、行为等各方面对市场机制进行了剖析，受过系统、良好教育的经济学人大概都知道阿罗－德布鲁范式及其修补，他们应该不难理解市场机制。但是若要探寻市场的本质，还是让我们先回到亚当·斯密。亚当·斯密虽被奉为市场经济的鼻祖，其实他并没有过多论述市场本身，他更多的是通过自由分工、自由交易、自由分配的分析框架来说明，自由市场是一种能够提升效率和增加财富的自然秩序，政府只要维护这种自然秩序就可以了。100多年之后，人类的某些区域开始实验反市场的计划经济，弗里德里希·哈耶克以更加锐利的目光，再次强调了自然秩序的重要性。他也不是从市场在资源配置中发挥作用的角度，而是从人类自由选择的角度，来反对计划体制、维护市场体制。更新近的经济学家阿马蒂亚·森，从理论上论证了市场本质上就是自由，是人的自由选择的权利。肯尼思·阿罗关于社会选择的难题在一定条件下是可以破解的。他通过对世界上众多欠发达经济体的发展进程的分析来说明，发展其实就是自由的扩大，发展在本质上就是一种自由，在自由受到压制的地方，经济社会难以快速发展，即使能通过强力获得短暂快速经济增长，也难以持续下去并使民众的福祉得到应有改善，而在自由得到不断扩展的地方，经济社会发展得以持续下去。

因此，尽管市场会表现为资源的优化配置和效率的提升，但市场的本质是自由，是人的自由选择的权利。从道的层面，而不是仅仅从器的层面来认识市场，我们应该承认，市场是基于自然秩序的一种生活方式和一种社会制度，是认同这种生活方式和社会制度的一种价值观。

毫无疑问，市场无论是作为一种生活方式和社会制度、一种价值观，还是作为器物层面的一种资源配置工具，远谈不上完美，许许多多的缺陷令人失望甚至令人厌恶。我们信奉市场，并不是因为市场有多漂亮，而是因为其他东西更丑陋，因此人类社会需要作为政权的国家。中国的荀卿和英国的托马斯·霍布斯在这方面有着深刻的论述。但是在国家面前，作为自然秩序的市场是十分脆弱的，因为国家是唯一可以合法使用暴力的玩家。

当国家力量可以挤压市场甚至侵害市场时，市场并无招架之功，更无还手之力；当国家仅仅将市场作为一种工具时，需要用的时候拿出来，不需要用的时候收进去，恼怒的时候砸掉它，这是再正常不过了。因此，经济社会要发展，不但要有市场，还应该有安全的市场。道格拉斯·诺斯和他的同僚巴里·温格斯特，从交易费用经济学的角度论述了安全市场的政治基础。他们认为，即使有真正意义上的民主，也不足以保障市场的安全，安全的市场需要更加基础性的保障。如果市场的安全得不到基础性保障，市场化改革不但可能停止，甚至还会倒退，我们不能忽略改革倒退的可能性。在我国，是否继续接受市场？十八届三中全会后这似乎已经不是问题。市场是安全的吗？这可仍然是一个问题。

经济发展与国家资本主义

从世界范围来看，中国经济在改革开放之后的 30 年里保持高速发展，一些人把它归结于"中国模式"。事实上，笔者认为，中国过去 30 多年的发展，有很多追赶型国家共同的东西，可以归结为追赶型国家的发展模式。特别是一些东亚经济体，它们的共同点比较明显，一度被归结为东亚模式。如果硬要说有中国模式的话，那它在很多方面其实并没有超出东亚模式，如通过权威政治保持较长时间的社会稳定，政府主导的市场经济，强大的产业干预和要素引导能力，充分实行储蓄动员和资本积累，有效利用先发国家的技术、资本、管理、经验和市场需求，同时还有吃苦耐劳的人民，等等。

当然中国也有某些独特的东西，这主要就是中国在市场化的过程中仍然保留了庞大的国有部门，这是东亚其他经济体所没有的，世界上几乎没有另外一个高增长国家有一个这样的庞大国有部门。此外，中国多层级的地方政府体系在市场机制引入之后所产生的政府间竞争，也比较独特，但主要还在于市场机制发挥了巨大威力而不是政府职能发挥了巨大威力。

一些人比较推崇国家资本主义，认为国家资本主义比自由资本主义要好，特别是对于追赶型经济体而言，国家资本主义更加有效。什么是国家资本主义？笔者认为，广泛的产业干预、庞大的国有部门、强行的要素控制，构成了所谓的国家资本主义的三大基石。看一看中国过去 30 多年的发展，许多人认为是建立在一个独特的发展模式之上的，所以提出了"中国模式"问题，这比以前所谓的"北京共识"似乎更有理论价值。什么是"中国模式"？左看右看，这不就是国家资本主义吗，这是中国版的国家资本主义呀，中国于是成了国家资本主义的代表，这下可以与美国进行对决了。

笔者觉得这是对中国发展道路的错误诠释，这种错误诠释会导致一种危险的情绪。把中国过去 30 多年的经济崛起归结为国家资本主义的胜利，这是莫大的误解。恰恰相反，中国高速增长的过程主要是自由市场主义不断壮大的过程。广泛的产业干预、庞大的国有部门、强行的要素控制，这三个东西在中国到现在都显而易见，所以当然可以说中国具有较强的国家资本主义的元素。但我们可以看看，这三个东西在我国 30 多年来的高速发展过程中到底是发挥正面作用为主还是发挥负面作用为主呢？这三个东西到底是在不断壮大还是在不断消退呢？总体而言，无论是产业干预的范围和强度，还是政府对要素的控制程度，都呈现衰减趋势。即使是中国的国有部门，事实上在改革开放之后 30 多年里经历了快速的萎缩，从占中国工业产值的 80% 下降到 30% 以下。也就是说，中国经济快速增长的过程也就是国有部门快速萎缩的过程。中国的发展到底是国家资本主义之功还是自由市场主义之功？所以总体而言，很难说有一个独立的"中国模式"，也不存在"中国之谜"。

当然，中国的体制转轨过程的确有一些独特的东西，同时也由于采用实用主义的态度，比较好地把握了追赶式增长时期的发展手段，比较好地避免了失误。一个经济体，在以工业规模扩张为主要特征的外延追赶阶段，自由资本主义和国家资本主义某种程度的组合，对于促进增长本身可能是有用的，因为这个阶段主要依赖资源动员和要素聚集。但是，这种增长方式所产生的不平衡不但需要这个经济体内部进行克制，也需要外部世界能够容忍。不过，看看那些东亚追赶型经济体，就可以发现它们到了一定发展阶段之后只有两种选择：要么固守过去的模式而陷入中等收入陷阱，要么摒弃过去的模式而转向创新驱动和效率提升进而迈向高收入社会。中国在未来几年随着追赶式增长的空间大为收缩和各种失衡的对冲空间显著压缩，我们将面临严峻挑战。我们要转向内生平衡增长模式，这就需要推进一揽子结构性改革计划。这个一揽子结构性改革计划，一定要消除政府及其代理部门对要素分配的强制影响和对产业发展的强力干预，一定要改变国有部门的主导局面，一定要形成一个健全的自由的且具有制度底蕴的市场体制。毫无疑问，这意味着国家资本主义的终结。

终结国家资本主义，实际上是要建立一个更加自由平等的市场经济体制，也就是十八届三中全会所说的让市场在资源配置中发挥决定性作用。当然，还要更好地发挥政府作用，但更好的政府作用显然不是在资源配置方面。自由平等的市场机制，意味着各类企业进行平等竞争、优胜劣汰。但如果不去触动庞大的国有部门，这就无法实现。事实上，早在十多年前，国家就提出民企和国企建立平等竞争、优胜劣汰的机制。2005年2月国务院发布了《关于鼓励支持和引导个体私营等非公有制经济发展的若干意见》，这是新中国成立以来首部以促进非公有制经济发展为主题的中央政府文件，因文件内容共36条，这份文件通常被简称为"非公36条"。"非公36条"颁布5年之后，国务院于2010年5月再次发布了《国务院关于鼓励和引导民间投资健康发展的若干意见》，简称为"新36条"。

但是这些政策都没有得到很好的落实。为什么？笔者认为，中国只要有庞大的国有部门存在，就不可能存在平等竞争、优胜劣汰的竞争机制。庞大的国有部门存在，完善的市场机制就不可能存在。这是因为，只要庞大的国企存在，对政府来说，国企就是"亲儿子"，而民企只能是"干儿子"，政府就会认为，打虎亲兄弟，上阵父子兵，总是会分个亲疏，再加上国企与政府之间天然的"政商联结"，民企与国企之间不可能有平等的地位。因此，要给民营企业平等的地位，必须要改革国有部门。现在不管是给民企36变，还是给它72变，它都逃不出如来佛的手掌心。所以，"新36条"即便是出台了操作细则，其作用也不大。当然，民营部门自身也要改变和提升，比如增强自己的守法意识和合规意识。事实上，当前一些民营企业为了抢夺经济资源和商业机会，可能会采取不理性、不合法的方式，这样整个经济就会出现"政商联结"大竞赛和资源争抢大竞赛，而不是效率提升和自主创新大竞赛。不过民企的缺陷是可以解决的，而国企的缺陷则无法解决。总体而言，若没有国企的根本性改革，就不会有平等竞争的市场体制。

许多人都接受国企需要改革这一判断，但并不认为需要进行根本性改革，认为只要推行 "政企分开、面向市场" 就可以了。事实上，政企分开至少在 20 世纪 80 年代初就提出来了，但快 40 年了，在国有制的框架内，政企能够分开吗？当政企不分的时候，企业苦于自主性不强和活力不足，当政企分开走得太远的时候，人们发现内部人控制非常厉害，所以是按下葫芦又起瓢。我们试图在国有制的框架内实现国有企业与市场经济的结合，刚开始的时候我们好像发现这可以做到，但仔细一看，其实并没有做到。我们原来对市场经济的理解很偏颇、很片面，好像觉得放开价格，给了企业自主权，就是市场经济了，可实际上这只是市场的一部分，只是市场的表象。市场经济还应该有要素市场、经理市场、控制权市场等，同时应该有法律体系和制度基础，特别是，还包括价值观和文明，例如自由、平等、产权、人权等。看一看市场经济深层次的东西，再看看国有企业的运作方式和行为导向，就可以得出一个 "国有部门主导下市场体制不可能性定理"。也就是说，如果一个经济体由国有部门来主导，那么实行真正的市场体制是不可能的。

还有些人认为，国企可以存在，只要增加利润上缴，让老百姓分享一些国企利润就可以了。的确，21 世纪以来国企利润增长很快，大家对国企分红的讨论也越来越多。笔者认为，增加国企红利上缴比例的确很有必要，因为这可以促使国有资本更加专注于财务回报并惠及老百姓，同时能减少国有企业的现金挥霍。从各方面来考量，提高到 30% 左右是完全可行的。但这不是国企面临的核心问题。如果国有部门效率并没有明显改善、效益并没有真正提高，一味抓分红岂不是无源之水、无本之木？试想，随着宏观经济的下行和多数行业的低迷，利润由升转降有没有可能？那时我们还会整天吵吵分红吗？所以笔者认为，国有部门的核心问题应该是，以产权改革为突破口，削减规模、调整布局、确立现代公司治理，在此基础上建立国有资本经营预算制度，这样才能使整个国有部门进入正确的轨道并纳入一个现代框架之中。

所以，必须要对国有制本身进行改革。国有制本身的改革当然涉及所有权结构的变化，也涉及公司治理的转型。很多人只注重第一点而忽视第二点。公司治理转型就是指随着所有权结构的变化，过去行政化、形式化再加上内部人控制、内部人分享的公司治理应该过渡到商业化、实质化并有基本透明度和制衡性的公司治理。在国有制改革过程中，对于那些包含显性或隐性巨额垄断租金和资源租金的国有企业需要慎重处理。这些企业的产权改革应该在形成竞争性市场结构并消除了租金之后才能进行，或者至少要经过严格的竞争性程序才行，并对有些需要进行监管的行业进行严格监管。笔者认为，对于具有某种垄断租金的国有企业，最好的改革方式是上市，之后不断减持国有股，并要防止私人控制性股东的出现，一个股份比较分散的上市公司可能是这类企业比较理想的产权改革路径。当然这也会导致另一类公司治理问题，但相对而言有些办法可以应对股份分散的公司治理问题。

改革推进中的央地关系与改革央地关系

央地关系既是国家治理的一个重要组成部分，又是影响国家治理的一个重要变量。遗憾的是，这个问题没有引起足够的重视，有分量的研究成果也非常少见。本节将讨论两个相互联系但又各自独立的议题：一是按照十八届三中全会精神全面深化改革，如何在改革推进时处理好央地关系；二是未来应该如何改革央地关系。在审视这两个议题之后，本节将提出我国央地关系改革的基本方向，以及央地关系的未来愿景。

解释两个议题

第一个议题是如何在改革推进时处理好央地关系，或者说，如何处理央地关系才能使改革得以顺利推进。这个议题直接来自推进改革时候的困窘。十八届三中全会要求："全党同志把思想和行动统一到中央关于全面深化改革重大决策部署上来，正确处理中央和地方、全局和局部、当前和长远的关系，坚定不移实现中央改革决策部署。中央成立全面深化改革领导小组，负责改革总体设计、统筹协调、整体推进、督促落实。各级党委要切实履行对改革的领导责任，把各项改革举措落到实处。鼓励地方、基层和群众大胆探索，加强重大改革试点工作，及时总结经验。"① 显然，对地方和基层的大胆探索、实行试点与中央的总体设计、统筹协调存在一个如何理解和如何衔接的问题。在推进改革的实际工作中，地方上既担心该尽早推进的改革却拖宕了，又要避免该中央统一部署的改革却抢跑、该试点的却仓促推行、该深入研究后再推进的改革却急于求成；而中央在一定程度上又希望地方大胆探索试验，以便于中央总结经验和全面推行。就国有资产管理体制和国企改革这一重点改革领域来看，地方上在 2014 年底已经有 20 多个省、直辖市、自治区出台了国资国企改革指导意见，但中央至今为止尚未出台国资国企改革指导意见。我国目前实行的是分级履行出资人职责的体制，中央的国企由国务院国资委等中央机构监管，地方上的国企由地方上的国资委等地方机构监管。到底地方政府和地方国资委是否有权力、有责任根据本地已出台的改革指导意见去按部就班地推进地方国企的改革，还是要等待中央出台类似的指导意见之后才能推进地方国企改革，并不是很清楚，所以地方上即使已经出台了指导意见，但基本上还是处于观望状态。

---

① 见 http://news.xinhuanet.com/politics/2013-11/15/c-118164235.htm。

第二个议题是未来应该如何改革央地关系，这个议题更具基础性意义。十八届三中全会《决定》本身就对未来的央地关系有许多描画，这说明，十八届三中全会已经清醒地意识到央地关系需要进行改革。改革央地关系，显然比目前改革推进中如何处理好央地关系需要更加长远的眼光、更加宏观的框架。

我们先把第二个议题作为讨论的重点。第二个议题讨论清楚之后，第一个议题就可以迎刃而解。

议题二的提出

改革央地关系这个议题，直接由十八届三中全会《中共中央关于全面深化改革若干重大问题的决定》所引出。很有意味的是，十八届三中全会《决定》并没有直接提出改革央地关系，但是在《决定》的许多章节中都有央地关系的内容。这些内容虽然分散，但如果拼接起来，有很大的篇幅，比有些辟出专门章节进行论述的议题还要丰富。梳理并简要评论一下这些内容，很有必要。

"加快政府职能转换"这一章提出，要进一步简政放权，直接面向基层、量大面广、由地方管理更方便有效的经济社会事项，一律下放地方和基层管理；加强中央政府宏观调控职责和能力，加强地方政府公共服务、市场监管、社会管理、环境保护等职责；优化行政区划设置，有条件的地方探索推进省直接管理县（市）体制改革。上述内容提出了一个重要的方向，就是地方政府和中央政府各自承担适合于各自管理的经济社会事项。

但是，由上向下转移的事项，是中央向地方"下放"，潜台词是有必要时也可以"上收"。事实上，过去就有很多轮的下放与上收，央地关系无法稳定、缺乏明确的预期。哪些事项在中央、哪些事项在地方，像是要取决于谈判，这会产生很大的随意性。

"深化财政体制改革"这一章提出，要建立现代财政制度，发挥中央和地方两个积极性；建立规范合理的中央和地方政府债务管理及风险预警机制；完善一般性转移支付增长机制，清理、整合、规范专项转移支付项目；深化税收制度改革，完善地方税体系；建立事权和支付责任相适应的制度；逐步理顺事权关系，进一步理顺中央和地方收入划分。这里所谓的"发挥两个积极性"，当然没有太大的实际意义；转移性支付和专项支付的改善和重整，以及地方税体系的完善、事权和支付责任的适应、央地收入的合理划分，实际上都取决于央地"事权"能否理顺。这里对事权加引号，是因为笔者认为称作"事责"要更加合适。

"加强社会主义民主制度建设"这一章提出，要发展基层民主，健全基层选举、议事、公开、述职、问责机制。这些内容意味着非常重要的改革，但不清楚的是，基层问责如何与基层事责相对称。如果相应的事责并不属于基层，相应的收入也不归基层，就可能存在对基层不当问责和过度问责的问题。这个问题长期以来在基层并不少见。

"推进法治中国建设"这一章提出，要减少行政执法层级，加强食品药品、安全生产、环境保护、劳动保障、海域海岛等重点领域基层执法力量。现在还不清楚，这些内容中的基层执法力量，到底是中央政府部门在基层的分支机构呢，还是地方政府的机构，抑或是所谓的"双重管理"机构？

　　"强化权力运行制约和监督体系"这一章提出，要推动党的纪律检查工作双重领导体制具体化、程序化、制度化。这个内容也涉及"双重"问题。"双重"在实际运行中需要进一步清晰化。

　　"加强生态文明制度建设"这一章提出，要形成归属清晰、权责明确、监管有效的自然资源资产产权制度；健全国家自然资源资产管理体制，统一行使全民所有自然资源资产所有权职责；完善自然资源监管体制，统一行使所有国土空间用途管制职责；健全国有林区经营管理体制，完善集体林权制度改革。笔者认为，国有资产如何建立现代产权制度，在中国是一个尚未解决的严峻问题。自然资源如何建立现代产权制度，比企业国有资产要复杂得多，目前所面临的问题也严峻得多。统一行使全民所有的自然资源资产所有权职责，如何做到，技术上是否可行，需要打一个大大的问号。

　　上述内容还不是十八届三中全会《决定》涉及央地关系的全部。总的来看，笔者认为，中央和地方的事责划分，是一个核心问题。但这一核心问题至今为止并未有明确答案。只有这一问题有了明确答案，才能在此基础上讨论与事责相对称的立法权、行政权、司法权问题，以及财税体系问题。

思考央地关系视角

　　从中国的实际情况出发，本节将从如下三个视角来思考央地关系的改革：第一，财政和公共服务及事责的视角；第二，国有企业和国有资产的视角；第三，权力分配和民主治理的视角。

先来看一下财政。2013 年，全国财政收入总量中，中央占 47.0%；全国财政支出总量中，中央占 14.4%。各级政府的职能是提供公共服务，承担相应的事责，并发生相应的财政支出。因此，可以认为，中央所提供的公共服务和承担的相应事责只占全国全部公共服务和事责的 14.4%，其他 85%以上由地方各级政府来提供和承担。但是，全国财政收入的近一半却是由中央政府收取，它转移给地方政府使用。这种反差说明，除了外交、国防等少数公共服务和事责之外，中央政府基本上不直接提供其他公共服务，不直接承担其他事责，它更多是作为组织学中金字塔的最顶层，给下面各层级分配任务、分配资源并进行组织协调和行为管理。

大量的政府收入首先直接流向中央，然后中央分配给地方，由地方政府去提供各项公共服务并承担相应事责，其直接结果就是央地财政关系的扭曲：中央收入的大部分用于转移支付，地方提供公共服务和承担事责的大部分资金来自于中央。这种扭曲不但会导致效率损失和公平损失，也会导致道德风险和腐败。一些研究表明，大量的转移支付出现了明显的"逆效应"：城乡居民收入差距、不同阶层收入差距、地区间居民收入差距并没有缩小，反而因为转移支付而有所拉大。

国有企业和国有资产的视角在中国很重要，因为中国有很多所谓的国有资产，而且国有资产的概念还在扩张之中。所谓的"国有资产"的权属、权利和对国有资产管理的权力在央地间到底如何划分？这并不清楚。在实际当中，那些所谓的国有资产、国有企业，到底是国有、省有、市有、县有？也不清楚。因为我国所谓的国有资产、国有企业并不是分级所有，而是统一所有，但在实际工作中又不可能都由中央机构来履行所有者的权利和职能、获取所有者利益，要分配到各级政府当中去，这就造成了很多问题。名义上拥有所有权的却不行使所有者权利和获取所有者利益，甚至不进行所有者监督，而实际的占有者、使用者、受益者却没有所有权。这些占有、使用、受益从理论上来说可能随时被所有者拿走或进行重新分配，在实际中也出现过这样的情况。这是典型的产权不清晰和产权错配。这种不清晰和错配，不但导致财产得不到珍惜和保护、收益得不到正确分配和使用，而且一些由财产权利衍生出来的处置权变异为行政审批权，这使得行政权力取代财产权利，从而干扰市场秩序和法律秩序。

特别是自然资源资产，权属、权利和管理权力在各级政府之间、各个部门之间的划分非常乱。自然资源包括土地、矿产、水等，现在一些部门把空气、阳光等都包括进去了。譬如土地的权属、权利、权力体系就很复杂，也很不清晰，各级政府各个部门都去抢占。如果不建立清晰的产权制度，这会成为一个解不开的死结。

国有资产、国有企业与财政也是联系在一起的，因为政府的融资平台本身就是国有企业，而且国有企业的资本收益也可能通过国有资本经营预算的方法来充实财政。同时，财政资金有一些也会流向国有企业，比如上市公司补贴等。如果国有资产在央地间分不清，那么债务、财税、公共管理和公共服务在央地间也就难以厘清。即使地方债务由地方自己负责，实际上也并不能堵住地方政府肆意负债，并不能堵住道德风险，因为中央政府可以给地方政府注入各种国有资产、各种自然资源的收益使用权，还可以通过财政转移支付或承揽地方上的一些支出责任来帮助地方，这样财政边界就全模糊了，硬约束就全消解了。所以，央地之间的国有资产、国有企业不清晰，也会加重央地之间财政关系和事责的不清晰。

最后是权力分配和民主治理的视角。国家公共服务的绝大部分是由地方政府来提供的，相应的事责也由地方政府来承担，照道理来讲，地方政府应该有相应的行政权做保障。但实际上，行政权在央地间的划分很不清晰也很不稳定，而且地方行政权的来源主要是中央，而不是当地的民众或立法机构。地方行政权与地方公共服务和事责的不匹配，与地方财政与地方公共服务和事责的不匹配是一样的状况。比如，地方上工商行政管理、食药监管方面的权力，实际上分不清是垂直体系还是非垂直体系，公安领域的权力也一样。

与事责划分和权力划分相关的是民主治理。民主治理当然包括中央层面，这方面我们实际上早已形成了一个基本构架，只不过需要真正实行和进一步改善。本节的民主治理视角，主要是指地方层面的民主治理。尽管地方层面也早已形成了与中央相同的治理构架，但与中央层面有一个本质的不同之处，就是地方上作为中央的下级，其授权机制和问责机制到底是来自中央，还是来自本层级，如果两者兼而有之，到底这两者之间的边界在哪里。哈佛大学教授马克·罗在分析公司治理时说："治理是指处于公司顶部——董事会、经理人、股东——的那些关系。"据此，我们需要思考地方政府——包括地方上的立法、行政体系在内——到底是中央的立法、行政体系的下级——也就是说，是作为一个科层体系的下层——还是作为一个平层而存在。如果是前者，就不存在地方治理问题，当然也谈不上民主治理；如果是后者，那么地方就需要顶部的东西——治理。党的十八届四中全会提出，要明确地方立法权限和范围，依法赋予设区的市地方立法权；要推进基层治理法治化。这应该看作一个建立地方治理的清晰信号。

目前我国的地方体系可以大致看作一个下层—平层混合试验体。中国有中央、省、地级市、县、乡这五个政府层级，把村这一级也算上的话，则有六层，这在全世界绝无仅有。如果这六层都属于一个金字塔的各个层级，作为一座大金字塔，科层困境会非常严重，我国就是这样的情况。实践已经证明，单纯的科层体系是行不通的，我们需要把地方层面作为一个相对的平层来考虑，从而引入更健全的地方治理，而不仅是改善上级对下级的管理，这样才有出路。其实我们一直在不自觉地往这方面走，才形成了目前的混合试验体。

既然地方治理才是出路，我们就需要考虑民主治理。社会变得更民主，这是一个无法回避的大趋势。民主有时候没有理性，但它是一个不可阻挡的潮流。因此，地方的民主治理必然也必须得到发展。十八届四中全会也提到，要完善和发展基层民主制度，这反映了中央对地方的民主治理是接受的。

央地关系改革的基本方向：水平性分工与当地化委托—代理

我们从上面三个视角分析了我国央地关系的状况与困窘，同时也揭示了未来改革需要处理的问题。笔者认为，解决这些问题的钥匙，是自觉的水平性分工的引入。

所谓水平性分工，就是在需要由政府提供的公共物品集合中，每一级政府都"亲自"直接提供应该由这一级政府提供的公共物品。在这样一个体系中，中央政府、省政府、市政府、县政府，是肩并肩的水平关系；中央政府主要不是作为地方政府的上级而存在，各级政府之间关系主要是提供公共物品的分工者之间的关系。当然，这里所说的分工者之间的关系是主要关系，并不否定上级政府对下级政府在某些方面、通过某些形式保持着管理和被管理的关系。

水平性分工关系与垂直性管理关系有着本质区别。垂直性管理关系，就是上级给下级下达计划、指派任务，并对下级分配资源、授予权力以及进行考核和奖惩，包括问责、人事任免。水平性分工关系，就是不同的任务由不同层级分别独立承担，并拥有相匹配的资源和权力。

各层级政府之间进行水平性分工，在于公共产品集合中的各种物品所覆盖的范围不一样，以及各级和各地民众对公共物品的偏好不一样。公共物品涵盖非常广泛的范围，从基础设施到生态、环境、治安、教育、卫生、风险管控、社会安全网、福利、安稳和谐的社会氛围、更好的创业环境、更大的商业吸引力和文化吸引力，以及相应的信息收集处理和发布，等等。在这个公共物品集合中，存在大量的地方性公共物品。

地方性公共物品概念至少可以追溯到查尔斯·泰博特对社区所提供的公共服务的研究。他认为，小范围的社区公共服务，实际上是一种俱乐部产品，这比由更高层级在大范围提供统一的公共服务要更加贴近实际需要也更加有效率。当然，詹姆斯·布坎南对俱乐部产品进行了更多的研究，进一步说明了小范围公共物品的意义。华莱士·奥兹从地方财政的角度详尽地分析了地方公共物品与财政体系之间的联系，认为地方化的财政独立性和财政约束性更有利于地方政府提供适应当地需求的公共物品，而人口的自由迁移有利于各地公共物品偏好的多样化的出现和公众自由选择的显示，从而出现各地公共物品的竞争，提高公共物品的适应性和财政效率。他和罗伯特·施瓦布还研究了地方公共物品的提供和社区构成，他们认为，由于公共物品提供的地区化，民众可以通过居住迁徙即以脚投票的方式来表达自己对公共物品提供的满意度和对公共物品提供的选择，从而避免了用手投票的高成本、不现实的问题，这实际上也避免了社会选择中的阿罗不可能定理的困境。

地方性公共物品，到底是应该主要由中央政府通过计划、任务、指令等方式布置给地方政府去提供，同时主要由中央政府进行资金分配和对地方政府问责，还是主要由地方政府根据当地情况自主提供，并主要由地方政府自主筹集资金和接受来自于当地民众的问责？当然应该选择后者。道理是显而易见的。首先，是信息处理的成本问题。选择前者将面临很大的信息处理成本，而后者当然要低得多，尤其是当不同地区民众有着偏好不同的地方性公共物品需求时，中央化的处理方式将会导致成本的大幅度上升。其次，是公共物品提供的效率和科层困境问题。选择前者将人为地产生更多的环节，会增加协调的难度，同时也可能使公共物品的供给指令与真实需求脱节。再次，是问责的有效性问题。来自中央的纵向问责，看起来可能非常严厉，但其实不然，纵向问责可以被许多的技术方法所缓解，这主要是因为在一个多任务的委托—代理体系中，代理人总有理由为其中一个任务的失败申辩。大凡那些大国，为了避免上述问题，多会愈来愈自觉地在央地关系中引入水平性分工。艾丽斯·里夫林在分析美国的央地关系时就认为，随着地方政府对地方公共物品的自主选择，中央政府自己需要提供什么样的公共物品，以及全国民众对中央政府所提供公共物品的评价，反而更清楚了，也更容易使民众区分哪些应该对地方政府问责、哪些应该对中央政府问责。实际上，这就揭示了一种水平分工关系。中国是一个有着13亿多人口的超大型国家，而且层级非常多，各地区之间发展很不平衡，存在着大量的地方性公共物品，更需要自觉地引入水平性分工。

主要由地方来直接提供公共物品并识别当地民众对公共物品的选择偏好，自然也要求地方政府财政自主性的提高。这样才能使财政体系更有效率，也更具约束性。这就是一个与公共物品提供的水平性分工相一致的多级自主性财政体制。事实上，中国目前的财政效率较低，财政资金中存在大量的专项转移支付，使得许多财政资金用非所需，浪费了大量财政资源，而且缺乏与公共物品需求变化相适应的弹性。

在一个水平分工体系中，问责体系需要做出相应的调整。在一个金字塔体系中，问责制度是单向化的。而在一个水平分工体系中，由于大部分公共物品将由地方政府直接提供并直接承担事责，并且需要财政体系的相对独立，那么，当地化的委托—代理体制必须形成，这样才能使问责明确和有效。戴维·布朗和约翰·沃德威尔的研究显示，民众在不同区域间的迁徙的确与他们对各地公共物品的选择偏好和满意度有关，这实际上使公共物品的供给出现了某种程度的市场化竞争和市场化问责的机制。当然，对于由政府提供的公共物品而言，这种程度的市场化竞争和市场化问责机制远远不够。迈克·詹森在研究组织理论时，引入了委托--代理关系框架，罗德里克·凯威特和马修·麦卡宾斯则直接将民众与政府之间的关系定义为委托—代理关系。如果把民众与提供公共物品的政府之间的关系定义为委托—代理关系，显然，地方政府直接提供地方化的公共物品并承担事责、行使相应权力，那么就需要一种当地化的委托—代理机制。这种当地化的委托—代理机制，不但意味着对当地公共物品偏好和强度的选择不是来自中央，而且相应的权力、问责也不是来自中央，它们都是来自本地民众或者本地民众的代表。一直以来的那种链条长、距离远的垂直化委托—代理关系，即从上到下、层层叠叠的委托—代理关系，应该改革为链条更短、距离更近的本地化委托—代理关系。

此外，正如我们在前面已经分析过的，政府资产不但与财政密切相关，而且也涉及资产使用的道德风险问题。因此，水平性分工与自主性地方财政体制的出现，必然要求国有资产在各级政府间进行清晰的产权划分，使资产的权属、权利在各级政府间有一个明确的分配并稳定化。这其实就是国有资产的分级所有。

当然，地方政府也需要有相对自主的行政权力，这也是水平性分工和地方化委托—代理的题中应有之义。地方相对自主的行政权力，主要受到来自于当地民主治理的约束和问责，因此不但不会失控，而且有可能比在垂直体系下得到更加规范和有效地行使。同时，要引入地方政府债券发行与交易制度及地方财政破产制度，使市场化问责能够发挥作用。

因此，未来央地关系的改革，不仅仅是中央与地方之间某些具体事项的谈判和某些比例的调整，如税收分成比例的调整。也许类似的调整是有针对性的，同时也有实效性，但是缺点也非常明显，即缺乏明确的方向和清晰的逻辑，导致央地间谈判和调整并不会终止于一次，而是会不断重复进行，导致收收放放、循环不止。

我们需要为中国的央地关系确立一个清晰的愿景，这个清晰的愿景能够为中央政府和地方政府指明一个可预期的方向。根据上面的分析，这个基本方向，应该是水平性分工关系的形成和当地化委托—代理机制的建立。在这个方向下，我国央地关系的愿景应该是：一级政府、一级事责、一级财政、一级产权、一级公共物品、一级行政权力、一级民主治理。

我们需要通过立法等形式，将这样一个愿景和这个愿景的具体内容法律化，落实这些内容的路线图。这将会有利于促进地方之间由过去的 GDP 竞争转向全新的竞争，即公共物品提供的竞争、地方问责体系的竞争、地方财政稳健性的竞争、地方委托—代理机制和民主治理的竞争。这些竞争将会进一步刺激民众在不同地区间的迁徙性居住，而进一步的迁徙性居住又会继续鼓励地区间在上述方面的竞争，这就有可能形成良性循环。这种良性循环的出现，不仅有利于形成合理的、可预期的、稳定的央地关系，更有利于形成现代化的国家治理和良好的国家秩序。

议题一的讨论：顶层负责设计基层负责试验吗

确立了这样的改革方向和基本框架，我们就可以据此来讨论第一个议题，即：在当前全面深化改革的推进中，如何处理好央地关系，以使改革能够有合适的路线图和时间表推进下去，到 2020 年完成十八届三中全会确定的任务，实现目标。

沿着央地关系改革的基本方向和愿景，议题一的困窘不难解决。总的来说，那些明显带有地方性外部性的事项，那些明显应该由地方提供的公共物品，从现在起就应该由地方自主地推进改革。而那些明显的带有全国性外部性的事项，以及显然应该由中央提供的公共物品，并不应该由地方去大胆地尝试再由中央来总结经验教训和在全国推广。对于这些事项的识别，尽管不会太简单，但远远谈不上有多复杂。财政部财政科学研究所贾康等人有关财政改革方案的设计，实际上大致勾勒了这样的线条。当然，更加清晰明确的识别工作，还需要进一步进行下去。

这意味着，我们通常所强调的"中央顶层设计，基层大胆探索"，以及"中央统筹协调，地方勇于试验"的推进改革的方法，可能存在严重的误区。事实上，过去30多年里，许多重要的、成功的改革并不是按照这样的方法推进的。譬如国企改革那些比较成功的举措，如最初的放权让利、承包制、租赁制，和后来的股份制、混合所有制、"双重置换"、破产重组，从来都不是顶层设计或者统筹协调的。中央在国企方面是否发挥过重要的作用？当然有，譬如在股份制改革过程中，中央制止了胡乱发行股票和胡乱进行股票交易的行为，但这些工作严格来说属于维护法律秩序，是中央政府应该做的工作。而另外一些领域的改革，特别是宏观经济领域的一些改革，根本不需要地方探索和试点，因为这在水平性分工体系中，与地方政府的事责没有关系。

在水平性分工和地方化委托—代理的思路下，落实十八届三中全会精神、推进全面深化改革，完全可以有新的做法。

下一步推进改革，在金融改革中，那些与货币政策有关的改革，明显是全国性的事项而不是地方性的事项，这不存在地方试验。而地方性金融机构，如果其经营的区域范围可以限制在一个地区内的话，则可以由地方上根据地方金融服务得到满足的程度、当地金融市场竞争的激烈程度等因素来决定是否应该增加金融机构数量和种类，根据当地申请者的资本、管理、历史信誉等信息来决定给谁发放牌照。

下一步推进改革，在国资国企方面的改革，最重要的是应该确立分级所有，这与水平性分工、财政的相对独立、当地化的委托—代理是一致的。在此基础上，地方国企应该由地方政府自主决定是否进行改革和如何进行改革。

下一步推进改革，在财税和社保领域，应该有更加灵活的做法。譬如，某个地方经过民主治理的程序，应该可以自主决定更多地进行自主性负债，或者决定自主征收某一税种、增加某一税种的税率，并相应地增加某些本地公共物品，譬如增加本地化的医疗保障水平。总之，只要秉持水平性分工和当地化委托—代理的大方向，改革的推进完全可以出现一个新局面。

第三章

纠正市场扭曲

市场扭曲是转向内生平衡增长新轨道的巨大障碍。市场扭曲使经济资源流向效率较低之处，而不是效率较高之处，这既伤害效率，也伤害公平。市场扭曲既与国企相关联，也与民企相关联，但根子在政府部门。在市场扭曲的情境中，股东权利和利益相关者权利得不到应有保障，资源被各种各样的设租和寻租所耗散。消除市场扭曲的道路，实际上就是从垄断到平权的道路。中国发展到了目前阶段，需要一场平权运动，需要公民力量的兴起。这样才能充分释放社会活力，树立社会正义。

市场化过程就是民权自由化过程①

    党的十八届三中全会，开启了中国新的改革征程。《中共中央关于全面深化改革若干重大问题的决定》部署了一系列改革计划，我们充满希望，同时又很谨慎。我们充满希望是因为《决定》中带给我们的众多惊喜；我们谨慎是因为，十六届三中全会也曾让我们为之一振，然而实际情况与文件决定却背道而驰。我们关注这些新的改革措施落实的决心，关注在市场经济逻辑下，具体的改革该往哪走。

    "真正的改革智慧来自于基层，改革的动力也来自于基层。"从1978年到现在30多年的改革历程来看，能够广泛推行、见到实效的

① 本文由凤凰网赵晓童采访整理。

那些改革，多数是由基层来探索，由基层来实行，顶层由默认到承认，这样一个过程。

十八届三中全会提到让市场起决定性作用，应该具备哪些条件？如果要让市场发挥决定性作用，政府的总趋势是要退。只有政府退才能市场进。

在中国，现在很多人对市场化有误解，好像觉得放开价格就是市场化。其实，市场的根基是一个清晰的、有可靠保护的产权体系，市场发展的过程就是民权自由化的过程。因此，我们需要"还产于民、还权于民"。

最后，市场有缺陷，而用政府的功能去弥补市场缺陷，往往使事情变糟。应该更多地发挥公民力量，去监督市场，去弥补市场不足，纠正市场错误。一个公民力量不断勃兴的社会，才是一个有希望的社会。

十八届三中全会公布了改革决定，您的总体印象是乐观还是不太乐观？

谨慎乐观吧。

首先，十八届三中全会再一次确定了市场化的改革方向，提出要让市场发挥决定性的作用。"决定性"比原先的"基础性"显示了更强的语气，但这并不是一个明确的衡量指标来显示市场发挥作用有何程度上的差异，其实这也不好衡量。十八届三中全会是表明了一个态度。高层能有这样一个态度，那么或许有很多具体的改革措施将出台，我觉得还是值得期待的。市场化的方向是明确的，所以没有理由悲观。

但为什么又说谨慎乐观呢？十六届三中全会也写了很好的文件。十六届三中全会写的是更大地发挥市场的基础性作用，那时也是给了一个美好的前景。到十八大说要在更广范围、更大程度发挥市场的作用。但结果是政府进市场退、国进民退。实际结果跟文件的提法背道而驰。这就是为什么我保持谨慎的原因。从过去的经历来看，没有必要仅仅根据文件的表述就盲目乐观。

有实效的改革很多是由基层探索高层默认

这一次的改革将成立深化改革领导小组。很多人认为这是属于一种政府强势推动改革的模式，但是也有人说真正的改革应该是市场倒逼，不是从顶层设计开始，而是通过解放市场倒逼改革。这两种看法，您支持哪一种？

从1978年到现在30多年的改革历程来看，能够广泛推行、见到实效的改革，基本上都是由基层来探索，由基层来实行，顶层由默认到承认，这样一个过程。

就是市场倒逼的改革吗？

可以这么说。其实，真正的改革智慧是来自于基层，改革的动力也是来自于基层。从过去经历来看，尊重基层改革的首创精神特别重要。所以对于深化改革领导小组，可能有两种策略选择：一种策略就是在北京制定一个统一的规划，强力推行。另外一种策略就是鼓励基层进行改革探索，然后到基层勤加调研，总结基层的经验教训，再在全国广泛推广。我认为第二种策略更加符合中国的实际情况，是一种改革更有可能成功的策略选择。

就怕政府缺陷和市场缺陷结合到一块儿

您觉得要想使市场起决定性作用，应该具备哪些前提条件？

市场有缺陷，政府老想弥补市场的缺陷，但是当政府来管的时候，它要么欺负市场，要么扭曲市场。如果要让市场发挥决定性作用，政府的总趋势是要退。只有政府退才能市场进。当然，所谓政府退是一个相对的概念，是指现在政府管得太多又管得太糟，所以总的方向是退，但并不是说不要政府，不要政府职能。事实上，政府有退才有进，政府退出那些不该管又管不好的事务，才能进入那些该管又应管好的事务。总的来看，政府应该尽量退出经济性监管，而进入社会性监管，政府过多的经济性监管就会冲淡社会性监管。

关于市场道德的问题，比如雾霾、食品安全等，您觉得这些问题靠市场本身能够解决吗？在这个过程中，政府应该起到一个什么样的作用，市场又是一个什么样的作用呢？

您这个问题问得非常好。几十年来，经济学界一直在争论。不管是什么流派的经济学家都公认市场有缺陷，但是大部分经济学家也承认政府有缺陷。如果政府能够发挥一个合理的作用，能够弥补市场缺陷，当然是最好的选择。一个正常运转的社会有一些基础性的法律，主要是规范秩序以及处理外部性等问题。政府一要守法，二要执法，只要做到这些，雾霾啊，食品安全啊，很多此类的问题在很大程度上都能解决。如果政府不守法、不执法，反而去贪赃枉法，这些问题就无法解决。

因此，政府功能、政府缺陷和市场功能、市场缺陷可能出现多种排列组合，就怕政府缺陷和市场缺陷结合到一块儿，这是最糟糕的。政府不但没有通过政府功能来弥补市场缺陷，反而把政府的缺陷跟市场缺陷结合到了一起，那就糟了。这不是杞人忧天，在很多国家，很多落入中等收入陷阱的国家，恰恰是政府缺陷跟市场缺陷结合到了一块，而不是政府作用弥补了市场缺陷。

这就使问题更严重。从古今中外来看，政府和市场是很难搞到一块的，往往是政府欺负市场和政府扭曲市场。所以在这个情况下，我觉得政府应该尽量少地介入经济，要让市场更多地发挥作用。当然，如果有社会其他成分来弥补市场缺陷，比如通过宗教约束和道德约束，在一定程度上是可以弥补市场缺陷的。亚当·斯密写过《道德情操论》，他希望通过人的道德情操的提升来弥补市场缺陷，他里面也讲到宗教。

但是道德这个东西太不好控制了。从这个角度来说，中国社会目前还缺乏一种具有约束力的东西。但我还是要强调，在弥补市场缺陷这个方面，不仅要看到政府的作用，也要看到社会组织和公民力量的作用。从很多国家的历程来看，活跃的发达的社会组织和公民力量，在弥补市场缺陷方面的作用并不比政府差。譬如食品安全、环境保护、生态平衡这些问题，以及劳工权益保护、妇女儿童权益保护等，在许多国家，其实是社会组织和公民力量起了很大的作用，而不是政府。公民意识的觉醒、公民力量的勃兴，比政府意识的强化、政府力量的强大要更加符合时代潮流，也更加符合中国当下的需要。看一看美国历史上的情形吧，恰恰是来自于公民社会的进步主义运动，才促使政府强化了社会性监管，较好地解决了食品安全、环境保护、生态平衡等问题。

所以政府还是要退，靠其他的力量去制约市场的缺陷。

市场化改革要"还产于民、还权于民"

关于中国的产权问题。中国在产权方面，制度设计上存在很多缺陷，农村土地问题是最明显的，这个产权就是不明确的。您觉得在这种情况下如何推行改革，您觉得会不会付出了很大的努力，但其实达到的效果是非常小的？

对啊，你说得非常对。市场经济的基础，其实不是放开价格，而是明晰产权、保护产权。英国的市场经济为什么最先发展起来？与它的法律体系有关。英国的普通法的大部分内容都是关于产权保护和产权界定的。

在中国，现在很多人对市场化有误解，好像觉得放开价格就是市场了。这次三中全会所描绘的进一步的市场化改革，什么建设用地市场呀，利率市场化呀，汇率市场化呀，你看基本上是在讲价格的放开、价格由市场决定。其实价格只是市场的表象，而不是市场的根基。市场的根基是什么？根基是一个清晰的、有可靠保护的产权体系。更进一步我们要问，市场的本质是什么？市场的本质是自由，是人们拥有自由选择的权利。市场发展的过程其实就是民权自由化的过程。这些在中国恰恰是最弱的。如果不能认识到产权是市场的根基、自由是市场的本质，如果不去努力夯实市场的根基和实现市场的本质，只是在市场的表象上做工作，这种表面文章是扎不住根、立不住足的。

因此，如果中国真正要走市场经济的道路，就应该还产于民、还权于民，应该鼓励产权自由化、民权自由化。我们的政府和集体掌握了太多的财产、掌握了太多的产权，包括前面说的土地。土地产权现在要么是国有的，要么是集体的，而以前都是老百姓的，还产于民首先应该从土地开始。当然可以一步一步来，譬如说首先可以从宅基地起步，因为许多宅基地本来就是老百姓自家祖传的，你还是说这是集体的土地，这说得通吗？而且集体到底是哪些人现在也越来越说不清了。

上帝的归上帝恺撒的归恺撒

领导层一直在强调18亿亩红线，您觉得要守住这个红线，坚持土地集体所有，对"还产于民"是一种制约吗？

我觉得现在很多人对于土地产权和土地用途缺乏一个基本的认知，总是把土地用途等同于土地产权。土地产权是一回事，土地用途又是另外一回事。个人即使拥有土地产权，政府仍可管制土地用途，政府甚至仍可适当限制土地产权交易，这样不就很清楚了吗？

我理解领导层更多的是关心用途问题，就是这些土地是用于种粮食还是用于盖房子。中国作为一个大国，领导层关心粮食安全，这是非常正确的。但是，让土地种粮食和还产于民这个一点也不矛盾。产权归属在民间，用途管制在政府，上帝的归上帝，恺撒的归恺撒，这个一点都不矛盾。

改革决定中说给农民更多的财产权，但是前两天国土资源部刚刚说农村宅基地并不像解读的那样，可以私有并流转。您对这个说法怎么看？那农民除了这个好像没有其他的可以赋予的财产权了。

现在是讲用益物权，用益物权更加接近于完整的所有权。所以这个也是一个进步，但是离完整的所有权还是有一步之遥。现在你去问农民愿不愿意进城变成居民，他们不少人可能并不愿意。但是我们要厘清不愿意的背后是什么，是不向往城市生活呢，还是不放心农村土地？如果你是来自农村的，你就会理解他们为什么说不愿意。其实他们多数人是向往城市生活的，但是他们担忧，一转成城市居民，祖传下来的宅基地被收走了，他担心这个。实际上他们还是对自己的产权得不到保证存在担心。从这个角度来看，清晰的有保护的产权体系是多么重要。

混合所有制在多数企业可能是中间状态而不是终极状态

关于国有企业改革，您怎么看待这次提到的混合所有制？之前听到有些学者分析，混合所有制里面，国有产权和私有产权是可能共同存在的，那您觉得它们可以在同一个企业中长期共存吗？

这个问题问得很深刻。我在这方面做了很多的研究。为什么要搞混合所有制？实际上是因为国有独资的企业缺乏民企那样的活力，很难完全接受市场机制。如果国企特别是那些大型特大型国企不能一步到位地完全民营化，那么我们有没有折中方案，就是在完全国有制和完全私有化之间找到第三条道路，在国有企业当中引入一部分民营企业的产权，把市场化的经营机制引入现在的国有企业当中去，并形成一种开放性、动态性的产权结构。这在其他的成熟市场经济国家并没有，那么我们呢？由于各种各样的限制，各种各样的原因，我们已不能够把国有企业完全私有化，所以我们想了一个折中的办法。

我们做了很多的调查，也做了很多的学术研究。混合制其实搞了很多年了，实际当中已经有了，其实联想控股啊，TCL集团啊，都是混合所有制。我发现，混合所有制企业的公司治理对我们也是一项很大的挑战。所以，能否长期保持混合所有制，国有股与民营股能否在同一个企业长期共存，这没有答案，要走一步看一步。但总的来看，应该通过混合所有制形成的开放性、动态性的股权结构，来逐渐降低国有股的比重。因此，在多数企业中，混合所有制可能是一种中间状态，而不是终极状态。

公民力量才是一种内生力量

最近几年，中国削减了很多行政审批，但虽然审批权力下放和取消了，公务员或者说官员数量并没有变化，这会不会造成一个反弹？比如，取消了县级以下高速公路收费，但是相关人员没有减少，他们需要收入，就通过其他方式变相收取费用，让这样的政策大打折扣。

简政放权不是一个新东西，过几年就搞一次。政府收权扩权有很强的顽固性和反复性。其实领导们意识到了这些问题，他们比我们清楚多了。政府官员也是一个很大的利益集团，政府改革比国有企业改革更加艰难。

您觉得既得利益者会成为改革者吗？还是说只是阻力，不会成为改革的推动者。

从历史上来看，既得利益集团整体没有办法成为一个改革的力量，但是在既得利益集团内部，某些有忧患意识、有大局意识、有改革意识的精英分子是有可能来启动改革或者推动改革的。所以我并不指望既得利益集团整体会成为改革的力量，我只是希望在既得利益集团内部，有一些精英分子能推动改革或同情改革。但是我觉得整个改变其实也不能寄托在这些既得利益集团的精英分子身上，我还是强调公民力量。这个是一个开放的社会，公民力量太重要了，包括你我都是公民力量，这是可以发挥作用的，学者也是公民力量，媒体也是公民力量。公民自己的事要自己关心，公民力量才是一种内生力量。千里之行始于足下，一步一步往前走，随着时间的推移，10年之后，20年之后那是不一样的。如果这个社会有公民力量的活跃和发展，我觉得是有希望的。

从垄断到平权

改革开放至今已经 30 多年。在这不平凡的 30 多年里,中国经历了高增长奇迹,经济和社会格局也因此而发生了巨大变化。一方面,变化是积极有益的;另一方面,变化也意味着挑战。在改革开放 30 多年之后,认真审视这些挑战很有必要。研究"前沿距离"的经济学家们认为,考察与前沿国家之间的距离,对于一个经济体在某一个时段采取合时宜的发展政策和制度是有帮助的,而当与前沿国家之间的距离发生改变时,发展政策的调整和制度体系的重构就很有必要。尤为重要的是,促进起飞的政策和制度在发挥预期威力的同时,也会带来非预期的副产品。对副产品的处理是发展征途上一项无可回避的挑战,如何清理这些副产品以保持发展态势的持续,必须适时进入决策者的议程。其中一项副产品是,垄断和寡头力量不断积聚，而自由的、公平的竞争受到压制，甚至政府监管被绑架，这会蚕食持续增长和社会安定的基础。

越来越多的人士已经意识到挑战的严峻性。在党的十八大之后的一年时间里，呼吁进一步改革以应对挑战的声音越来越强烈，并期望十八届三中全会能进行有针对性的改革筹划。现在，十八届三中全会已经落幕，全会公报进一步强化了市场化改革的方向，并将改革的范围向更广的领域延伸。笔者认为，与其载之空言，不如见之行事。现在是行事的时候了。

经济起飞的东北亚版本和东南亚版本

垄断和寡头与经济租联系在一起。不过无论是理论研究还是实证研究，对于垄断和寡头的看法仍然存在一些分歧，特别是全球一体化快速推进的情境影响了一些人的判断。比较一致的看法是，来自创新、差异化、起始阶段规模经济之外的经济租是有害的。现实观察能给人更有价值的启示。"二战"之后许多经济体都经历了起飞过程，但是在处理垄断和寡头这个副产品方面却大异其趣，发展结局也因此有天壤之别。我们所在的亚洲地区，东亚国家有着政府强势、人民勤劳的共性，但是东北亚和东南亚在过去几十年里却出现了令经济学家们讨论不休的巨大分野。

东北亚的典型经济体是日本和韩国，我国台湾地区由于深受日本的影响也算是带有东北亚印记的经济体。日本很早就开始经济起飞，在"二战"前工业就有相当的基础。在其快速的工业化进程中，财阀体系形成，三井、三菱、安田、日产等十大财阀基本上控制了日本的经济，并且与政治体系结成了紧密而不透明的关系。在麦克阿瑟管理时期，财阀遭到解散。尽管一些财阀的核心企业后来又以新的方式结成了企业集团，但是财阀时期那种窒息经济和社会的垄断控制体系得到了很大的纠正。《禁止私人垄断及确保公平交易法》《经济力量过度集中排除法》等法律的实施有力地促进了自由竞争的复活，日本经济得以再现二三十年的景气奇迹。20 世纪 90 年代至今日本经济的低迷有许多原因，学者们一直在探究中，但日本前 10 家大企业在过去 20 年更替率之低，以及更多企业的"僵尸化"，越来越引起学界的注意。现在，日本为了恢复经济活力和增长动力，正在筹划进行大规模的结构性改革，其中的一部分内容就是要促使"僵尸企业"退出市场，要进一步促进自由竞争和鼓励创业，让那些"平民化"的中小企业有更多的机会得到经济资源和获得成长空间。

韩国在"二战"后快速工业化过程中也形成了一些大财团，它们对国家的经济和政治都有较大的左右局势的实力。财阀体制一方面促进了出口和经济增长，另一方面也形成了巨大的扭曲和失衡，包括过度投资、大举负债、掩盖低效、转嫁风险等等，最终在 20 世纪 90 年代末酿成系统性金融危机。而在后金融危机时期，韩国力推以自由化、竞争化为导向的 IMF（国际货币基金组织）体制，在政府、金融、公司、劳动这四大领域实施大胆的结构性改革，大财阀的垄断和寡头力量得到较大程度削减，向财阀倾斜的产业政策得到扭转，财阀们要么倒闭，要么实行自我革新、更加依赖市场。韩国在亚洲金融危机后积极的结构性改革，促进了韩国经济重拾升势。但韩国学界和政界普遍认为破除垄断、抑制寡头的任务仍未完成，新任总统朴槿惠也誓言要进一步推进鼓励竞争的结构性改革。

东南亚则是另一个版本。东南亚经济体包括菲律宾、马来西亚、印度尼西亚、泰国等，但笔者不把新加坡纳入经济起飞的东南亚版本之中，因为要透彻分析这个有些像谜一样且非常年轻的城市国家实在不容易。同时也不把文莱这样的产油国纳入东南亚版本，把产油国剔除是学者们做研究时的通常做法。与东北亚经济体一样，东南亚经济体在"二战"后也曾经历过一段高增长，尽管雁行发展让这些国家的起飞更晚一些。东南亚经济体的高增长也出现了垄断和寡头这个副产品，而且一度非常严重。无论是在进口替代产业还是出口导向产业，国家补贴和其他资源的流向起初是鼓励竞争力的提高。但是随着时间推移，获得较强市场地位的企业，或者那些更有渠道与政府结盟的企业，开始垄断国家补贴和其他资源，并排斥来自其他企业的竞争以强化其垄断和寡头地位。更加严重的是，其中一些企业进一步诱使政府在管制规则不明确的情况下将基础设施、公用事业、基础产业、资源开发、不可贸易的服务业等产业私有化，随后促使政府选择事实上的关闭市场、阻断可竞争性的政策。可以想象，在这种情况下，资本会流向那些具有垄断租的领域，竞争性行业反而凋敝，创业和创新受到压抑，可贸易的制造业部门无法持续赢得国际竞争力。因此，不少东南亚经济体在经过起飞阶段之后，经济增长开始失速，落入了所谓"中等收入陷阱"之中。一些国家还陷入了动荡不安的境地，然后要花较长的时间、付出较大的代价，才能重新回到较高增长的轨道。

当垄断与权力联姻

我们已经初步了解，垄断和寡头的形成在许多情形下并不是来自自然垄断和规模经济，而是来自产业政策和政商联结，这与权力有关。当前沿距离非常大的时候，亲商的政府、向特定企业倾斜的政策，可能有利于工业化和经济增长，若那时政府还比较廉洁，效力会更大。但副产品会不断积聚，并且随着与前沿距离的缩小，副产品的毒性将会急剧增加。如果说自然垄断可以通过严格监管、业务分拆、构造可竞争性来缓解效率低下、减少生产者剩余和消费者剩余的净损失，且规模经济带来的垄断地位也可以通过分拆、业务限制、降低进入壁垒等方法来疏解，而当垄断与权力联姻，问题就很严峻。

垄断与权力联姻，既腐蚀经济也腐蚀政治。既然垄断与经济租有关，如果权力或明或暗地支持垄断，整个社会就会出现设租和寻租轮番加码的局面，不但经济增长会被阻断，腐败、不公平、两极分化、机会主义行为等问题也会不断恶化，整个社会就容易陷入动荡和失望之中。凯文·墨菲和安德烈·施赖弗曾经分析过寻租对于经济增长的影响，他们的结论是：寻租行为能带来递增收益且具有高度的自我维持性，清除起来非常困难，同时寻租会扭曲资源配置和损害创新行为，因此会降低经济增长率。一些拉美国家曾经的经历能够验证他们的分析。那些拉美国家在起飞阶段，即使在竞争性的工业部门，经济精英们也很快就垄断了进口替代补贴的现金流，并且巧妙地与政治精英结盟，借助于国家权力来获取生产要素和排斥市场竞争，从而构筑了垄断和寡头地位。与东南亚国家一样，资源、银行、电信、电力等许多不可贸易部门陆续被精英们所控制，而需要大量创新投入的制造业却被逐步放弃，增长陷入疲软、社会分化加剧。这不仅会使经济发展的进程停摆，也会刺激民族主义和民粹主义的崛起，使国家的经济、社会政策大幅度摇摆，民众对立情绪强烈，社会陷入动荡不安之中。在这种情况下推行平权化改革，改革容易变得激进和草率，进步主义运动会走向反面，不但不会推动经济发展和社会进步，反而会阻碍经济发展和社会进步。一旦陷入这样的境地，需要花很长的时间才能走出来。

这些足以警醒中国。当中国的高速增长在缩小前沿距离的时候，副产品的毒性增强却没有引起足够的重视。中国在过去30多年的经济起飞中，所积累的垄断这个副产品一点也不比其他起飞国家少，这在现实中很容易观察到。在笔者看来，中国反垄断的难点不在于垄断行业的改革，而在于如何遏制垄断与权力联姻。诚然，电力、电信、铁路、石油石化等垄断行业迫切需要深化改革，以引入更多的竞争和提高效率，但是一定要看到这些行业可能存在着垄断与权力联姻，这种联姻披着高贵而洁白的婚纱。更加严峻的是，在更多的其他行业，与权力联姻的行政性垄断破坏了本应自由和公平竞争的市场格局。不管是民营企业还是国有企业，一旦通过与权力的联姻而获得市场势力，就会妨碍自由与公平竞争，就会阻碍要素使用和财产保护方面的平等权利。与权力联姻的垄断者和寡头们在貌似市场经济的环境中成为特权者，所攫取的巨大经济租转化为高额会计利润，这是有特权的资本主义而不是有特色的社会主义。如果我们不采取行动，凯文·墨菲和安德烈·施赖弗所得到的结论有可能被中国所验证。

许多东南亚国家和拉美国家的教训显示，垄断势力最喜欢也最容易盘踞于不可贸易部门。出于对垄断者的痛恨，一些国家选择在这些部门实行国有制。中国的不可贸易部门本来就是国有经济占主导，但中国的情况表明，其他国家的实验也证明，即使对不可贸易部门实行国有制，也并不自然而然地改变垄断格局。要知道，所有制是所有制，市场结构是市场结构，垄断行为是垄断行为，国有资本顶多只会改变垄断租金的分配，并不会自然而然地消除垄断租金本身。更何况国有制还会导致另外的严重问题，如效率低下、服务质量低劣、需要国家巨额补贴、沦为政治集团的酬庸等等。更进一步，国有制更有可能强化垄断与权力的联姻，更有能力排斥自由和公平竞争。在中国，不但自然垄断领域都由国有资本控制，这些领域显然存在严重的效率低下问题，而且在更多的非自然垄断领域，巨量国有资本分布于许许多多的行业，行政性垄断广泛存在。要破除垄断，要清除垄断与权力的联姻，对分布广泛的国有经济进行收缩性改革是必需的。

事实上，我国借助于国有制和行政权力来排斥自由和公平竞争已经远远超出不可贸易部门。2006 年，国家有关部门将军工、电网电力、石油石化、电信、煤炭、民航、航运等七大行业划定为由国有资本绝对控制的领域，换言之，非国有资本一般不得进入这些领域，即使有少量进入，也不可以在市场当中占有多大的份额；同时，将装备制造、汽车、电子信息、建筑、钢铁、有色金属、化工、勘察设计、科技等行业划定由国有资本保持较强控制力，这些领域允许非国有资本进入，但显然要将非国有资本限制在从属地位。上述十几个行业绝大部分并不是自然垄断领域和不可贸易部门。这些行业如果对非国有资本采取排斥态度，即使能够在国有企业之间构造竞争，仍然远远不够。这种高度同质化的竞争不可能涉及更深的层面，更何况国家作为统一的出资人可以通过企业合并重组的方式来限制竞争和消除竞争。在电网、铁路等自然垄断行业，尽管国有资本在相当长的时期内保持控制地位是可以理解的，但是如何通过分拆等方式构筑更多的竞争，仍然有很大的空间。在石油石化等资源性行业，如何使资源租更好地显性化并得到合理分配，必须要纳入考虑之中，而对于与资源开采无关的下游业务，需要去捆绑化并开放竞争。总之，国有制并没有改变垄断，反而可能强化垄断与权力的联姻，因此我们不但要处理自然垄断，消除行政性垄断，还要改革国有经济。

垄断同盟的强大性

不但普通民众、中小企业能感受到垄断对经济和社会的危害，恐怕连垄断者、寡头们自己都知道这一点。在那些深受垄断长期困扰的经济体当中，并不缺乏对垄断的批评之声，但是，垄断者往往会结成同盟，而且这种同盟一旦结成，就会越来越强大，以极力抵制各种破除垄断的力量。

垄断者、寡头们自己会结成内部同盟。在一个权利获得保障的社会里，具有相同利益的群体结成利益同盟、形成利益集团没有什么不正当的，但令人忧虑的是，垄断利益同盟由于攫取了足够的垄断租金，拿出其中一小部分来游说政府、影响社会，就可能改变社会均势，从而使垄断变得长期化、合法化。一些发展中国家在经济起飞的时候，政府推行本土产业扶持政策和进口替代政策，那些获得政府资源注入和资金注入的本土企业，会尽量使政府支持长期化。如果国家的产业体系和贸易体系开放程度不够或者开放进度太慢，本土企业的竞争意识和竞争能力不能及时提高，这些企业就会逐渐养成吃优惠政策的习性，并使这种优惠垄断化。它们容易结成垄断同盟，形成强大的与政府讨价还价能力，甚至绑架政府。继而，垄断同盟会不断向非贸易部门和资源性领域扩张，高度扭曲资源配置和严重窒息经济活力。

国有企业群体更容易形成垄断同盟。国有企业在很多时候可以优先获得国家分配的资源和资金，排斥平等竞争和优胜劣汰。但由于国有企业从国家手里拿走任何东西都不存在国有资产流失问题，即使这些资源和资金被低效地使用和无谓地浪费，也是"肉烂在锅里"，难以受到追究。同时，国有企业手里有一张绝好的牌，就是国有企业的职工群体，这个群体也可以加入垄断同盟的行列。国有企业职工与国有企业高管有利益冲突的地方，但更有利益一致的地方，大家分食垄断租金，这就是最大的共同利益。因此，在许多经济体当中，国有企业职工的工资福利都明显好于私人企业，并不是因为国有企业的效率更高，而是因为国有企业通过强化利益同盟得到的垄断租金更多，普通职工也参与分羹。

不光社会主义国家的国有企业是这样，资本主义国家的国有企业也是这样。20世纪80年代，英国首相撒切尔夫人大力推行国有企业的私有化，在很大程度上就是要破除盘踞在英国的包括国有企业职工在内的国有企业垄断同盟。那时国有企业工会具有很大的势力，不断向政府要价以维护和强化不合理的既得利益，但这种垄断同盟严重损害了英国的竞争力，所以"铁娘子"才忍无可忍。数年前，小泉纯一郎任日本首相时，对日本邮政等国有企业进行了改革。那时日本邮政的职工和高管结成的利益同盟的现象也非常严重，而垄断造成的效率低下、排斥竞争早已为社会所诟病。所以不管是社会主义国家还是资本主义国家，消解垄断同盟、破除垄断结构，都是一项十分棘手但又时常会碰到的任务。

最强大的垄断同盟当然是垄断者、寡头们与政府结成同盟，这就是前面所论述的垄断与权力联姻。政府权力可以通过强制力量获得税收，垄断者和寡头们可以明目张胆或者神不知鬼不觉地获得垄断租金，如果这两个最重要、最稳定的现金流都流到一个同盟体当中，这个社会一定会非常扭曲、失衡。许多落入中等收入陷阱的经济体，恰恰是这样的情况。这个同盟中的政治权力者和经济垄断者，可以相互反哺，因此非常强大；同时，它们不是通过生产的扩大和生产率的上升来获利，而是热衷于直接的非生产性寻利活动，导致经济资源浪费在无助于生产效率提高和全球竞争力提升的无谓行为中，社会的创新精神和创造动能会受到压抑，对经济增长的可持续性将构成严重伤害。

更重要的是，这样的垄断同盟能够便利地占据经济领域之外的许多其他资源，如政治资源、教育资源、传播资源、文化资源、卫生资源，以及其他重要的公共资源，形成赢家通吃的格局，强化赢家更赢、输家更输的马太效应。如此，社会两极分化就会加剧，社会流动性就会受阻，不但会出现很多的"官二代""富二代"和"贫二代""农二代"，也可能出现"政二代"和"垄二代"，"二代化"继而演变为"三代化""代代化"。一个"二代化"的社会，是一个很糟糕的社会，将缺乏前进和进步所必需的活力和希望，会导致社会焦虑、社会挫折和社会对抗不断加剧，最终带来社会动荡并拖累发展进程。

垄断联盟会尽力寻找垄断的粉饰物，使垄断变得貌似正当有理。垄断不可怕，就怕垄断有文化。在一些发展中国家，垄断者通常使用的粉饰物就是保护民族产业、保障经济安全、掌握战略资源等等。在一个全球竞争变得越来越激烈、民族主义越来越流行的年代，这种粉饰物非常亮丽。此外，意识形态也可以成为一种粉饰物，比如国有企业垄断同盟可以用意识形态来化解批评之声。因此，要破除垄断，必须要对维持垄断的理由加以甄别，必须要去掉那些粉饰物，才能使垄断者露出原形，才能使破除垄断的改革得到广泛支持。

在我国，垄断当然存在。虽然垄断同盟似乎并不明显，但在这方面保持一定的警惕也并非多余。在经济领域，不管是国有企业，还是民营企业，特别是那些规模较大、影响力较强的企业，如果占据了一定的垄断地位或者获取了一些优惠政策，它们尽量联合起来排斥竞争，这样的情况还是存在的。特别是国有企业，还比较广泛地获得行政性保护，享有行政性垄断，它们会尽量形成合力来游说政府，维持垄断。我国的许多行政性垄断很有隐蔽性，或者拥有一些貌似正当的理由。在一些行业，垄断势力或寡头地位的形成，貌似是在市场化经营中由于规模经济和先入优势而形成的，但深究下去仍然可以发现是借到了行政权力的东风，如汽车工业曾经实行的目录制度，在很长一段时间里帮助先入者——主要是少数几个国有企业——来维持和巩固其寡头地位。这就是行政性垄断，因为它借助于行政权力来排斥潜在进入者的可能竞争。通过行政权力限制竞争在服务业尤其突出，银行业是一个典型，行政管制设置了严厉的进入壁垒，价格竞争和其他方式的竞争手段也受到管制。无论是曾经的汽车制造业，还是当前的银行业，行政权力限制进入和竞争总是振振有词，因为这些行业看起来好像是存在激烈竞争。但事实上，这些行业的企业数量之多和市场集中度之低并不能反映竞争状况，行政权力在游说下容易夸大竞争，从而以政府产业政策的名义限制进入和竞争。这些都值得高度重视，并在未来加以解决。

不仅国有企业，其他国有单位，如国有事业单位、国家机关，在我国是一个非常庞大的群体。国有企业有 4 000 万左右的职工，国有事业单位有 3 000 万左右的职工，国家机构有将近 1 000 万的职工。这个大约 8 000 万人的国有单位职工，与私营部门的职工相比，特别是与那些非正规就业人员和农民工相比，无疑享受着更加优厚的待遇。这种优厚待遇有一部分是来自于更高的劳动生产率，但不可否认，也有一部分是来自于垄断租金，是来自于机会垄断、资源垄断、身份垄断等带来的租金。这些垄断导致了机会的不均衡、资源的不开放和身份的不平等，预先排除了自由的、公平的竞争。很难说这 8 000 万人会结成垄断同盟，他们内部不同板块、不同层级的人物有利益不一致的地方，但是他们也有比较共同的诉求，容易找到共同的语言、发出共同的声音。更重要的是，他们在政治上和社会上有着巨大的话语权和影响力。下一步，如何对这些国有单位进行有力度的改革，是一项极为棘手的任务。

中国需要平权运动

如果垄断者和寡头们享有特权并且固定化，而社会上的其他分子失之于合法权利和平等待遇，这个社会是无法持续发展、和谐安定的。许多国家的实践证明，当问题积累到一定程度，就需要在经济领域，继而在整个社会，推行平权化改革。美国是一个很好的范例。很多人都误认为，美国现在比较自由、比较充分的竞争局面，机会比较均等的社会，是一直就有的，或者是移民登上新大陆就与生俱来的。其实不是这样。这样的局面，这样的社会，是经过平权化改革才得以确立的。美国在大约 100 年前的西奥多·罗斯福时代，就开始了经济领域的平权运动，开启了美国的进步主义时代，从而为美国成为一个强盛的现代国家扫清了障碍。西奥多·罗斯福也因此被美国人认为是最伟大的四位总统之一，其头像被镌刻在拉什莫尔山崖上。

在 19 世纪下半叶和 20 世纪初，美国经济的高速增长形成了一些垄断和寡头企业，数量有限的托拉斯控制了许多重要行业，生产高度集中，市场的平等竞争受到了很大的妨害，强势利益集团成为赢家，而弱势利益集团的利益得不到应有保护，无论经济领域还是社会领域，强与弱的两极分化非常严重，社会分歧也因此加剧。西奥多·罗斯福就任之后，致力于反托拉斯和推行经济领域的平权化，为经济的持续增长和社会的平衡发展确定了航向。其后的两任总统都致力于反托拉斯、促进竞争和平权，并取得了巨大成绩。在随后的几十年里，这种平权化改革贯穿于几乎每一任总统。平权运动有力地扭转了一度严重困扰美国的垄断横行、竞争受制、自由受压的现象，为美国的经济和社会不断地注入活力，使"美国梦"的实现大量体现于那些没有背景、没有势力的普通中小企业和平民大众的成功之中，全世界许多怀着梦想而一无所有的人都来到这片土地，成为美国确立强大全球竞争力的一个重要基础。

中国正处在与美国 100 年前相似的重要关口。那时美国经过南北战争后 50 年的高速发展，国力空前强大，精英自我陶醉，而清醒者，如西奥多·罗斯福和他的同僚们，却以穿透的眼光洞察到无所不在的垄断所具有的毒害性，从而启动了将美国带向伟大国家的平权运动。中国经过过去 30 多年的高速发展，已经成为全球第二大经济体，综合国力今非昔比，国家自信不断提高。但 30 多年的高速发展也积累了很多垄断、不平等、不平衡等副产品，如果不及时清除这些毒性越来越强的副产品，中国特色社会主义就有可能变异为有特权的资本主义。

中国何时会出现自己的西奥多·罗斯福？这不得而知。但中国现在到了推行自己的平权运动的时候了。在经济领域，平权运动的首要任务是破除行政性垄断，重组和监管自然垄断行业，清理垄断与权力的联姻，消除资源分配和经营保护方面的特殊待遇，促进平等竞争。自然垄断行业并不多，可以通过进一步拆分、重组和发展替代型竞争的方式来引入竞争机制、构筑有限竞争，并在不可竞争的环节设置严厉的规则，进一步强化政府监管。对于在市场化经营中由于规模经济和先入优势等因素而形成的垄断和寡头，可以通过强制分拆、限制合并、鼓励进入等措施来消解垄断、强化竞争。对于行政性垄断，则需要斩断行政权力与有市场势力者之间的联姻。行政性垄断是典型的来自于权力的垄断，不限制对经济过当干预的行政权力，就不可能消除行政垄断。

我国并不是没有限制行政性垄断的法律。2007 年，我国出台了《中华人民共和国反垄断法》，其中有一章专门处理行政垄断，但是其内容仅仅限于处理地方政府组织跨地区的商品流动等事项，属于明显的避重就轻。未来，我们有必要修改和充实相关内容，使那些借权力之手行垄断之实、阻碍公平竞争和经济发展的行为得到真正的限制。特别重要的是，行政性垄断主要存在于国有经济领域，因此，要消除行政性垄断，必须对国有企业进行大刀阔斧的改革，通过国企民营化的方式显著收缩国有经济战线，继续存在的大型特大型国有企业要重点发展混合所有制、促进公司治理的商业化。这样才能基本做到政企分开和国企的市场化经营，从而实现国有企业与其他企业的平等竞争、平等获取生产要素和优胜劣汰。

对我国行政性垄断的遏制，不可避免地要涉及国家治理转型。国家权力太大，国家权力缺乏约束和监督，将会滋生垄断和助长垄断。国家治理转型至少需要构建一套可以自我实施的授权、限权、分权、制权机制。党的十八届三中全会指出，全面深化改革的总目标是完善和发展中国特色社会主义制度，推进国家治理体系和治理能力现代化；必须切实转变政府职能，深化行政体制改革，创新行政管理方式，增强政府公信力和执行力，建设法治政府和服务型政府。这些论述具有深刻意义。我们期待十八届三中全会的这些方针能够得到落实并且制度化，期待我国的国家治理转型能够启动。

经济领域的平权化一定要实现生产要素的平权，包括劳动力、资本、土地。劳动力一方面是最重要的生产要素，是创造力的来源，但更重要的是另一方面，即他们是活生生的人，是经济增长和社会发展的皈依。令人痛心的是，我国的劳动力，我国的公民，存在严重的身份分割以及由此带来的非平权格局，农村人和城里人，国有单位人和私营单位人，有着巨大区别。这不但成为阻碍经济增长方式转型的一个重要因素，也成为阻碍社会活力释放和社会公正提高的重要因素。未来一定要推进劳动力的平权化改革、人的平权化改革。

当然，这方面的改革不是孤立的，而是与国有单位改革、政府职能改革、财政体系改革密切相关。在资本领域，最重要的非平权就是资本几乎全部由国家以及国有银行来筹集和分配，这样，资本的流向自然而然地向国有企业倾斜。因此，未来应该大力发展民营银行来改变这种格局。国务院多次表示要发展一批民营银行，民间资本也显露出很高的积极性，希望这项改革能够早日落地。土地是另外一项重要的生产要素，但在我国存在一种奇怪的"地权分置"现象，即国有土地和农村集体土地所对应的权利严重不一致。农村集体土地被剥夺了商业化使用、进入建设用地市场的权利，从而使农村土地的拥有者不能切实地获得城镇化、工业化带来的土地增值受益。这不但无法优化土地资源配置、有效利用土地资源，同时也在不断剥夺农民的正当利益。所幸，十八届三中全会已经表示，要建立城乡一体的建设用地市场，这意味着土地要素的平权化改革即将破题。

除了经济领域，社会领域也必须推进平权化改革，尽管这比经济领域的平权化改革更加重要，也更加艰难。破除社会领域的机会垄断和资源垄断，推进社会领域的机会开放和资源开放，才能使一个社会充满盎然生机。社会领域的平权化改革最重要的内容之一，就是要尽力遏制社会中的"二代化"现象，因为如前所述，一个"二代化"的社会，是一个很糟糕的社会。中国历史上的商鞅变法，尽管在学界有一些争议，但其大刀阔斧的"去二代化"改革举措，打破了贵族对土地和其他资源、对封爵和其他机会的长期垄断，使平民获得了前所未有的机会和通道，使整个社会爆发出一股奋发向上的动力，民众财富、民众士气以及国家财富、国家能力都有了一个大飞跃。总之，当下中国的平权化改革不应仅限于经济领域，而应该是全方位的。十八届三中全会提出，要让一切劳动、知识、技术、管理、资本的活力竞相迸发，让一切创造财富的源泉充分涌流，让发展成果更多更公平惠及全体人民；要使市场在资源配置中起决定性作用，加快形成企业自主经营、公平竞争，消费者自由选择、自主消费，商品和要素自由流动、平等交换的现代市场体系，提高资源配置的效率和公平性。这样的论述无疑是鼓舞人心的，我们只是期望，这样的论述能够早些从文字变为现实。

判例的力量大于文件的力量 [①]

党的十八届三中全会后，中国准备启动新一轮的国企改革大潮。2014年，地方政府纷纷出台当地的国企改革方案，但很少有实际的改革行动。一直到2015年上半年，十八届三中全会都已经过去一年半了，地方与各界还是缺少实质性的国企改革行动，均要等待中央颁布国企改革顶层设计方案，也即大家所说的1+N方案，才考虑如何行动。

地方和各部门等待中央的1+N方案，这可能在很大程度上反映了当前社会上有一种回避改革的氛围，正在取代十八届三中全会后一度形成的积极改革的氛围。

① 本文由《凤凰周刊》记者赵福帅采访整理。

判例的力量大于文件的力量

不过，现在很多政府官员和企业家，经过风风雨雨后，都把一些改革成败的案例记在心里。他们不会轻易地相信文件怎么说，而是看下一步实际上如何做，特别是产权能否得到保护、法律规定的股东权益能否得到保护。

所以，要想让十八届三中全会的文件成为一种真正的可信承诺，就必须从判例开始。判例的力量大于文件的力量。我们有许许多多的文件，可是谁记得那么多文件？一箩筐文件，比不过一个判例。民营企业家和普通老百姓不记文件，更多是记判例。其实在国外也是如此，条文是专业人士来记的，非专业人士更多的是从判例中获得信号和做出判断。美国法律很完善，但很多时候也是通过判例来影响社会，无论是公司法还是合同法，一个典型判例让人们知道了法律规定、形成了守法意识。中国在改革开放进程中也是这样。对于社会大众而言，发文件不如出判例，给出什么样的一个判例，企业家和民众就可以据此来检验文件的可信程度。如果社会上出现了一个产权被践踏的典型案例，不管如何鼓励民营经济，很多人并不真正相信，他们害怕出现同样的遭遇。所以，再多文件、条文，如果无法有力执行，也难以收到实效，也没人可以记住。2003年10月召开的十六届三中全会出台的决定，提出要大力推进改革，而且还讲到要建立"归属清晰、权责明确、保护严格、流转顺畅"的现代产权制度。这份改革文件真的"落地"了吗？我想过去十年改革进程的缓滞，就是最好的答案。

十八届三中全会开完之后，中国全面深化改革的声势已经形成。不过回望十六届三中全会开完之后，全社会也有很强的改革声势，但后来出现的一些判例伤害了文件的可信承诺，改革如何能够走下去？所以，这一次重启改革，如果要持续推进，一定要从判例开始，通过几个典型的案子，在以事实为依据、以法律为准绳的基础上，做出公开的审理和公正的判决，在法律面前、在众目睽睽之下，就能呈现各自的真相了。只有公开才有真相，只有真相才有公正。这样做，才能给整个社会一个清晰而强烈的信号，才能以判例的力量将改革推向纵深。

不妨以国企改革为例。中国的国有企业按照管理层次分为中央国有企业和地方国有企业，中央国有企业有 5 万家，地方国有企业有 10 万家。现在已有 20 多个省、直辖市、自治区出台了改革方案。从道理上来讲，地方可以让自己的国有企业按照自己出台的指导意见去改，不一定等中央的方案。但是时间过去这么久了，实际当中有多大动静呢？

这种等待就是推托。现在各级政府和国有企业里，有一些人员抱有"不干事，别惹事"的心态，必须等中央下改革命令，而且不能只是一个大方向，必须非常具体、非常清晰，改什么、怎么改、哪些不能改，口头还不行，一定要有决议，然后下面才会去执行。2015 年 1 月底召开的第九次中央全面深化改革领导小组会议提到，需要中央先定调子、划底线的，要按照统一部署及时给地方交底；需要地方先探路子、创造经验的，中央要及时给予授权；要有效调动中央和地方的积极性。可见中央也清楚地注意到了这个问题。

至于中央层面的 1 + N 方案，各界应该以平常心看待为好，因为方案内容出于平衡各方利益的考虑，可能还是四平八稳的。所以，在中国判例的力量大于文件的力量。与其出台那样这样的文件，还不如树一个判例，让整个社会包括地方政府都知道，中央接下来就是要往某个方向走了。

比如 20 世纪 80 年代搞承包制，石家庄造纸厂、首钢公司都是典型，判例一树，大家就会觉得"中央推承包制是来真的，咱们也这么搞"。20 世纪 90 年代放活中小企业，山东诸城市市长陈光将 200 多家国有和集体企业改制，这些企业当时都严重亏损甚至资不抵债。这一事件引起很大争议，有人把陈光叫作"陈卖光"。朱镕基亲自带队去考察后，他并没有否定，这实际也是给出一个判例。

但是现在的判例在哪儿呢？地方层面，广东 2014 年初就公布，格力集团要进行混合所有制改革，但到了 2015 年夏天还没动静，结果成了一个反面判例。大家会觉得，即便文件公布了，还是不能轻举妄动，于是继续观望。中央层面，混合所有制试点企业里有一个中石化的销售公司，但这个案例不典型，其他企业也难以复制；还有包括国企高管限薪等举措，究竟是不是国企改革的一个长期方向，大家也不清楚。

所以，与其绞尽脑汁写 1+N，还不如拿出 1 家和 N 家企业树样板、立判例。否则，出了文件以后，大家可能还会观望。

警惕改革变成争权

已经出台的国企高管薪酬改革，给社会什么样的信号？不同的人有不同的理解。当然，目前国企许多高管还是组织化身份，对其限薪可以理解。但这可能只是权宜之计，长期如此的话，就与市场化取向相矛盾。关于国企高管薪酬问题，要害不是薪酬高低，而是谁来决定薪酬，根据什么决定薪酬。如果是公司制企业，那么根据《公司法》，应该是董事会根据市场行情与个人表现决定薪酬。但国企高管薪酬显然不是这样产生的。未来应该是国企高管的身份要市场化，薪酬也市场化，而不是相反。

2015 年以来，不断传出国企拆分或者合并的消息。实际上，新中国成立以后几十年里，国企的收收放放、分分合合就没有断过。20 世纪五六十年代是收放，时而下放到地方，时而收归回中央。改革开放以来，分合就多了。这种收放、分合几十年不断，拎起、扔下、捏合、掰开，背后的手都是政府之手。它反映了国有企业还是政府的附属物，而不是独立的市场主体，这是国有企业的悲哀。所以，表面上看起来，拆分更有利于竞争，合并有利于整体实力的增强，但其实这些分合都不好。因为背后都是政府之手，它破坏了企业的市场主体地位。

对国资国企实行从管资产到管资本的转变，是一个很好的方向。但是政府部门和国有企业有可能又把它变成文字游戏。真正要实现管资本，最关键的是把国有企业改造成股权多元化或者混合所有制公司，然后由一个持股机构来持有并行使股权。

如果是几个部门在那里争抢地盘，管资本就会成为一个笑话。换个部门管就更好吗？就能一直好吗？国资委刚成立时也还可以，但慢慢就出现各种问题。而且即使是管资本，即使只占 20% 的国有股权，几年之后，还是有可能变形成管人管事管资产，最后到什么都插手的程度。

对国有企业按照功能分类的政策，恐怕将会无功而返。分类的目的是对不同企业采取不同的管理和改革措施，作为企业方就会想尽办法挤进自己中意的那一类型。首先，公益和非公益业务划分并没有明确的界限，而且企业可以通过发展或并购新业务，冲破原有界限，使自身符合条件。再比如国家安全，生产米面的食品企业是不是事关国家安全？这样一来，企业就可以通过游说和各种方法，进入关系国家安全的产业中。最后可能就成了自分类，成了自己想进哪一类就选择进哪一类，失去了分类的意义。

因此，必须以名单政策替代分类政策，就是指定哪些企业需要保持国有独资，不进行混合所有制改革，也不进行市场化改革，除此之外的企业都要市场化。这是一种排除政策的思路，有点类似负面清单。只有这样，才能够避免分类政策的不清晰造成的困扰。

破除三大改革障碍

现在国企改革的主要障碍有三方面：第一是理论认识问题；第二是利益问题，比如国企的管理部门可能丧失管理权、国企高管不能再既做官员又领高薪、职工会失去国企身份和铁饭碗；第三是技术障碍，比如国有资产流失难以判断，改革者就会投鼠忌器。

面对改革的多重障碍，未来几年国企改革可能会出现各种扭曲。要防止这种扭曲，必须靠大力度的混合所有制改革，引入非国有的积极股东，给其持股比例要足够大，使之通过法律等手段保护自己的利益，形成一定的制衡。

只要是国有全资或者国有控股，文件再多，可能都是一堆废纸，过去这种教训太多了。比如20世纪80年代就出台了文件取消国有企业行政级别，但是并没有成功。也有很多配套文件，但是都没发挥实效。最后只能通过非国有的股权，在一定程度上顶住上面的行政权。不管怎样，混合所有制至少比完全的国有全资企业更有可能实现市场化。

以上改革要真正见效，还必须有大环境的配套，比如依法治国的持续推进，让民营资本的法律地位不断提高到跟国有资本平等的地位。否则不但可能出现国有资产流失，也会出现民营资产流失的问题，企业家就难以有安全感。

最后，我们的认识也亟待提升。1997年，党的十五大文件提到，国有经济比重的高低不影响我国的社会主义性质。现在很多人可能把这个文件都忘了，还在纠缠国有经济比例多一点还是少一点。比如，中国的互联网行业也算是战略性行业，但国有经济比重很低。它发展这么好，显然是增强了我国社会主义的实力。现在政府部门都开通官网和官方微博，显然强化了话语权，提高了透明度。国外的例子就更多，比如通用电气从事的行业非常重要，但它是一个公众公司，并与美国政府有很好的互动。总之，包括互联网行业在内的新兴行业作为案例，为我们提供了管控战略行业的新思路。

我们应该重温邓小平提出的"三个有利于"标准。各个行业、各个企业的改革是好是坏，关键看是否有利于发展社会主义社会的生产力，是否有利于增强社会主义国家的综合国力，是否有利于提高人民的生活水平。

扭曲市场中的公司治理难题

良好的公司治理是相似的，不良的公司治理各有各的问题。公司治理虽然在最近 20 年里已经成为许多国家和地区共同关心的议题，但事实上，并不存在一个提高公司治理水平的全球统一解决方案。不错，无论是在英美、德法，还是在韩日、中国，改进公司治理都追求公司运行的高效和公司价值的提高。但是，在盎格鲁－撒克逊体系中，由于资本市场更加发达而公司所有权分散程度更高、流动性更强，因此如何制约内部人控制，包括如何控制管理层过高的薪酬，就成了首要问题。在这种背景下，独立性较强的董事会、积极股东主义在过去 20 年作为主要的解决方案被广泛接受。而在欧洲大陆，企业更依赖从债务市场融资，股东的分散程度和流动性相对而言差一些，所以如何保护债权人利益、让债权人在公司治理中发挥更多监督作用就比较重要了。在东亚经济体当中，不但企业的股权集中度较高，金字塔结构也比较普遍，公司治理的一个核心问题是如何防止大股东滥用权力和掏空公司财产、掠夺小股东利益。可以说，在过去20年里，许多国家都根据自己的情况做出了改进公司治理的努力，也取得了一些进展，但从贾斯廷·福克斯和杰伊·洛希教授描述的情况来看，原有的问题并未彻底解决，而新问题已经浮现。

哈佛大学的贾斯廷·福克斯和杰伊·洛希教授在《股东的作用是什么》一文中，描述了"股东主导"观点的兴起，并承认这一观点来自对经理人动机和行为的学术性研究。但是，他们发现事与愿违，股东并没有像期望的那样发挥积极作用，过高的经理薪酬也没有得到遏制。他们认为连股东应该发挥的三种基本作用，即提供资金、信息、纪律约束，也没有达到要求。他们提出，把股东放在第一位的导向可能是错误的，因此，从股东资本主义转向利益相关者资本主义，是公司治理改革的方向。实际上，贾斯廷·福克斯和杰伊·洛希教授的观点并不新鲜。早在20世纪80年代，玛格丽特·布莱尔等人就提出过这样的解决方案。新近一些的研究更有意思。如美国宾夕法尼亚大学的富兰克林·艾伦教授于2005年在《牛津经济政策评论》上就发表过一篇《新兴经济体的公司治理》的文章。该文提出了一个很有意思的观点，即：在那些市场机制不完善的新兴经济体，股东利益至上的公司治理未必是最优选择，事实上不完善的市场环境也不能使股东利益得到最好保障；而关注利益相关者而非仅仅关注股东，有利于更优的资源配置。有趣的是，富兰克林·艾伦教授的文章还以日本和中国做例证来阐述他的观点。

　　我们可以看到，无论是贾斯廷·福克斯和杰伊·洛希，还是富兰克林·艾伦，或者新制度经济学大家奥利弗·威廉姆森以及其他西方学者，他们研究公司治理的基本思路是，在可能的情况下，如何让市场机制在公司治理中发挥作用；而在市场机制不完全的情况下，如何让更多的利益相关者在公司治理中作为积极主义者发挥作用。这些的确很重要。但是作为一个中国学者，笔者愿意指出一个被西方学者忽视的要点：在市场被扭曲的情况下，公司治理如何得到改进。西方学者研究了市场不完全的情况，但忽视了市场扭曲的情况，而后者在中国以及在许多转轨国家和新兴国家，恰恰比较普遍。所谓的市场扭曲，意味着某种力量——通常是政府力量或特权力量——将生产要素和商业机会引向效率较低而不是效率较高的地方，从而劣化资源配置而不是优化资源配置，将经济拉向偏离帕累托最优的位置。

　　中国就出现了这样的情况。在过去 30 多年中，总体而言，资源源源不断地从低效部门流向高效部门，有力地推动了经济增长。但是后来，随着政府与少数企业的利益结合越来越紧密，随着国有部门改革的停顿，出现了严重的市场扭曲。市场扭曲导致了严重的经济和社会失衡，但依靠政府强力和外部对冲得到了暂时的维持。在这样的环境中，公司治理出现了一种怪现象：并不过多关注所有股东的利益，也不过多关注重要利益相关者，甚至不关注本公司的利润。真正重要的是什么？是公司实际控制人利益的最大化和政府利益最大化的平衡。

　　毫无疑问，这种状况使中国等扭曲市场中的公司治理出现了两个独特的难题。第一个难题是，如何照顾小股东的利益和相关者的利益以使公司得以维持。目前存在的一个解决方法是：政府向与自己形成利益共同体的公司不断注入自己可以掌握的经济资源和商业机会。这个解决方法又会产生第二个难题，如何使政府可以掌握的经济资源和商业机会变得源源不断。对于第二个难题的解决方案，我们很清楚政府是如何办到的：不但想尽办法不断增加税收和非税收入，使自己手中有更多可用于分配的现金，而且通过强制权力控制土地资源和其他自然资源以及非自然资源，注入特定的公司，此外还直接兴办和控制了大量国有企业和国有银行用于分配资源和分配商业机会。无疑，进一步的市场化改革，就意味着对市场扭曲的纠正，那么就会使政府掌握的经济资源和商业机会断流。所以可以想象，一些政府部门和政府官员可能并没有那么真心地推进进一步的市场化改革。但是，长期这样将会导致很严重的宏观经济问题和社会发展问题。因此，中国扭曲市场中的公司治理难题，实际上衍生了宏观经济难题和社会发展难题。对于这些难题的破解，已经不仅仅限于公司治理层面。

第四章

建立现代政府制度

转向新增长轨道、实现一揽子结构性改革，核心就是要重新校调政府与市场、与企业、与社会、与公民的关系，关键就是要建立现代政府制度。现代政府制度就是要公权经由民授、越权能受纠处、运作透明廉洁、问责清晰明确。当然，这里的政府是广义的政府，不仅仅是指行政部门。建立现代政府制度，有利于厘清监管职责、防止监管缺失和监管过度并存，使经济社会更加有活力，也更加有秩序。

从现代企业制度到现代政府制度 [①]

增长路径的变化

下一个 10 年，中国经济可能会出现哪些重要变化？譬如经济增速和经济结构是否会出现实质性变化？这些变化需要国家政策做出什么样的转变？

这几年，学术界谈论得比较多的问题是中国是否会落入中等收入陷阱。现在经济增速下滑使学者们更加关注这是否意味着中期潜在增速的降低。应该说，准确预测经济增速非常困难。10 年前，几乎没有人能够预测中国经济在往后几年里能连续多年保持百分之十几的增速，那时多数人是比较

[①] 本文由《经济观察报》康怡采访整理。

悲观的，包括那些著名的机构和著名的经济学家。因此，不应该单从经济增速的角度来剖析未来 10 年的变化，尽管发展经济学所考察的一些基本因素显示潜在增长率的确会受到前所未有的制约，更应该从基本的结构性问题和增长动力这方面来考察未来 10 年中国经济的重大变化。概括而言，未来中国经济发展提出的内在要求是，从以前的外延追赶增长转向内生平衡增长。

过去 30 多年，甚至也可以追溯到 20 世纪 50 年代，中国经济高增长的奇迹是一种典型的追赶式增长。改革开放极大地激发了经济发展的积极性和改善了资源配置效率，并充分利用了先发国家的技术和市场，当然权威政治也能够较好地防止经济起飞过程中容易出现的社会动荡，使整个社会都专注于经济发展，这种情况其实并不为中国所独有。但是许多国家为什么在起飞之后不能持续地飞行？为什么那么多的国家会落入中等收入陷阱甚至连工业化都不能完成？尽管背后有复杂的原因，但是单从学术研究的角度来看，起飞时期只需要通过外延的方式和复制的方法去建立一些工业企业和发展一些工业行业就可以了，关键在于资本积累和要素动员，无论政府手段还是市场手段都比较容易做到这些。但是当一个基本齐全的工业体系建成之后，资本积累对增长的推动作用就明显下降，这个时候需要人力资本和知识资本发挥作用，使产业体系在全球范围内向价值链较高的位置攀升，否则增长动力就会迅速弱化，甚至齐全的工业体系都没有建成，由于外延追赶增长过程中积累了太多的结构失衡和政商联结，会对经济增长产生摧毁性的作用，导致工业化进程中断。因此，后发优势到了一定时期就会变成后发劣势，很多外延追赶式增长的国家都是这样，甚至一些通过追赶成功实现了工业化的西方国家，在很长时期里都不能缩小同前沿国家的人均收入差距，或者差距有所拉大，这就是增长理论当中所说的"非收敛陷阱"（non-convergence trap）。中国经过几十年的发展，特别是经过过去 10 年的高增长，尽管工业化还未完结，但从外延的角度来看，一个较为完整的工业体系基本建成，多数行业的技术水平与发达工业国的代际差距已经不太明显，这显示外延追赶的空间已经显著缩小。同时，人口红利的快速消耗和资本形成率的高企，预示着要素动员和资本积累可以挖掘的空间的收缩，以及资本边际报酬的下降。这样看来，开辟新的增长路径，转向内生平衡增长的新轨道，将是未来最重要的议题。

增长路径或者增长轨道的变化，需要政策的改变。以资本积累和要素动员为导向的政策将不能适应新增长路径的要求，这意味着过去的宏观政策、产业政策、监管政策都应逐步调整，譬如说金融抑制、利率管制、货币扩张、财政支出的结构性扭曲、行政垄断、产业结构和产业组织政策，以及对国有部门的有关政策，等等，都需要进行全面清理。这需要我们在未来有一个一揽子改革方案。是否能推出并执行一个涵盖范围广泛的一揽子改革方案，决定着增长轨迹变革的成败。

建立现代政府制度

建立现代政府制度是未来改革的关键环节。为什么要建立现代政府制度？什么是现代政府制度？

回顾一下过去 30 多年的改革历史，当然可以发现改革是由表及里、由浅入深，但是一到深层次的改革就回避，浅层次的问题也不能得到根本解决。1992 年党的十四大提出要建立社会主义市场经济体制之后，到底怎样才能建立社会主义市场经济体制？首先，1993 年的十四届三中全会提出要建立现代企业制度；其次，2003 年的十六届三中全会提出要建立现代产权制度。但是 20 年过去了，现代企业制度和现代产权制度建立得怎么样了？不能不承认今天的现实与当时的设想有很大差距，特别是产权制度在某些方面还有所倒退。归根结底，都是受制于政府改革的滞后。从十四大到十六大再到十八大之后，现在到了考虑建立现代政府制度的时候了。

第一，现代政府制度，应该是公权经由民授。许多人已经意识到，公权扩张太快、公权缺乏约束是我国的一个十分严重的问题，但是也有很多人没有意识到，由于革命年代的远去使得公权的来源愈来愈模糊，公权对于其合法性的某种担忧会通过公权行使的失范表现出来，从而出现公权的软弱、摇摆、容易妥协、迎合一些特定群体、走向激进和极端等情况，这对秩序的建立没有任何好处。因此，公权经由民授在未来显得十分关键。所谓"经由"，是指要经过一些能得到民众认可和保证民众参与、有时间阶段约束且能重复进行的程序，而不仅仅是重复革命叙事和意识形态叙述。当然，这种"经由"在当下并不是西方标准式的民主普选。重要的是，一个公权经由民授、对合法性保持信心的政府，不但能够成为一个有限政府，也能够成为一个有能力和有理性的政府。

第二，越权能受纠处。现代社会日益复杂，公共事务不断膨胀，公共领域与非公共领域的界线有时会变得模糊或者变得有争议，政府越权的情况越来越容易出现。因此，越权的纠处机制在现代政府制度当中应该占有十分重要的位置。如果没有越权纠处机制，政府必将逐步变成一个巨型怪兽，公民的财产权利、人身权利就会被随意践踏，经济交易和社会自由就会受到严重伤害，很难想象在这种状况下经济会持续增长、社会会走向繁荣。当下中国，一些地方部门的越权已经到了为所欲为、触目惊心的地步，一些政府部门可以自己给自己设定审批权力和控制资源的权力，竟然可以将阳光、风都划定为自己部门的控制和审批范围，而更可怕的是这种越权行为得不到纠处。未来应该建立一整套越权纠处机制，包括司法审查制度、立法部门审查制度、申诉和诉讼制度等等，使公民和各种团体都能够有畅通的渠道参与进来，从而及时和有力地纠处政府的越权行为。

第三，运作透明廉洁。一个现代政府，运作必须透明。透明不是指所有的东西都公开，但是除了法律严格规定的真正涉及国家机密的事项之外，其他都应该公开。有了基本的透明度，才能有利于民众监督政府，才能够控制腐败。提高政府的透明度，必须要有相应的法律和一系列配置措施。

第四，问责清晰明确。政府本质上是执行部门，现代政府的执行能力应该可以问责。问责有助于增强政府的执行能力，而有执行力的政府和政府主导是两码事。恰恰是非现代政府，而不是现代政府，更容易缺乏执行力、没有责任感。问责需要明确的功能界定和合理的权责划分，需要清晰透明的工作流程和工作规章，并应该有严格的考核制度和责任追究制度。

重新校正、调节政府与企业、与市场、与公民、与社会的关系，可以从哪些领域入手？

上述关系的重新校调，可以从裁撤和重组政府机构及最大限度地取消政府审批、重启国有部门民营化改革、大力推进要素配置的自由化和要素市场的一体化、推行政府对各个领域的去管制化、为公民的自组织提供更大空间等方面着手，随后可以推动司法和政治等领域的改革。

重新校调关系，就是要在中国形成"一臂之距"的市场经济制度和平权化的公民社会，而这是国家长期发展的制度基础。

改革最大的障碍或者阻力可能来自哪些方面？

有三个方面。首先，是思想认识问题，这需要意识形态的创新。在党的历史上，有很多意识形态创新，如新民主主义理论、社会主义初级阶段理论、三个代表理论等等，都是重大的理论创新。未来需要更加重大的意识形态创新，从而形成更具包容性和时代性的意识形态。其次，是利益集团问题，这需要勇气也需要一些配套政策来处理。最后，是改革氛围问题，这需要改革旗帜的感召和改革气势的凝聚。尽管可能存在所谓的改革疲劳症，但我们还是能够感觉到无论是学者、官员，还是普通老百姓，内心并不厌倦改革。"马思边草拳毛动，雕眄青云睡眼开"，天地肃清，正堪四望。他们的大多数必将为真正改革的氛围所振奋。

奸商与监管

在熙熙攘攘逐利于市的企业群体中，尽管"无商不奸"的说法过于夸张，但违法违规、奸猾缺德的厂商的确屡见不鲜，环境污染、食品有毒、产品仿冒伪劣、质量指标造假等各种事件层出不穷，不断刺激着老百姓的神经。这类行为不能完全依靠司法体系来解决，因为司法体系往往是事后救济，而且司法过程成本很高，结果具有一定的不可预料性，所以，引入政府监管是必要的。

目前，由于一些厂商的这类行为泛滥，强化监管成了政府和民众的共同呼声。在强化监管的声浪中，审视和检讨政府应该如何进行监管，就显得尤为重要。现在民众最不满、政府压力最大的监管领域之一是食品安全，特别是婴幼儿奶粉的安全问题。所以，加强食品等行业的监管，几乎是全民共识，也是政府的工作重心之一。我国乳品生产企业数量较多，行业集中度较低，品牌较杂，假冒行为也较严重，再加上供应链和经销网牵涉到成千上万的小规模厂商和农户，政府监管难度可想而知。

在这样的境况中，监管思路很容易集中到一点：减少监管对象，消灭杂牌产品。譬如，几个具有监管权力的政府部门联合下发了《关于进一步加强婴幼儿配方奶粉安全生产的实施意见》，工业和信息化部还发布了《提高乳粉质量水平提振社会消费信心行动方案》。根据这些意见和方案，政府不但要推动乳粉企业加快兼并重组，加强婴幼儿配方乳粉新建和扩建项目的核准，而且两年之内也暂时不再审批新设乳粉企业。随后，蒙牛乳业宣布将并购雅士利，加上蒙牛之前宣布了并购现代牧业，蒙牛进一步扩大了自己的市场版图。据媒体报道，伊利等已有的乳业巨头也在推进并购扩张等事宜。

鼓励兼并重组，收紧核准，暂停新项目审批和新企业的进入审批，这些监管措施并不为乳品行业所独有，在许多行业都能见到，特别是在那些被政府认定为产能过剩、竞争无序的行业。从过去的政策执行来看，所谓的暂停两年审批实际上不知道会延续多少年。鼓励兼并重组可以理解，但是，不管以什么样的辞藻做包装，强化审批、阻止进入的监管方式都值得商榷。生产集中度的提高是市场竞争的结果，而不是市场竞争的起点。监管者可以制定和实施产品质量标准，也可以适当地设立企业准入标准。而将新企业、新项目以行政之手挡在行业的门外，政府以为挡住的都是那些不受市场欢迎、扰乱行业发展的厂商，但实际上也可能挡住一些能更受市场欢迎、促进行业发展的厂商，因为新进入者要想在行业中立足，往往要带来更多的技术创新、组织管理创新、商业模式创新，政府不应该判定未出生的孩子都是坏孩子。

想一想过去十几年的乳品行业吧，蒙牛乳业进入这个行业时也是小企业，但它给这个行业带来新的尝试。在其他很多行业，类似的情况数不胜数。即使是那些被异口同声认为是产能过剩的行业，政府官员、专家学者、人云亦云者难道真的知道这个行业未来均衡的产量应该是多少吗？难道真的知道这个行业未来可能的创新点和最有价值的创新点在哪里吗？难道真的知道到底是某个现有大企业还是某个新进入的小企业将会成为行业发展的引领者吗？产能过剩并不可怕，可怕的是政府不当监管反而淤塞了市场化的退出通道。我国目前产能利用率不足的行业不在少数，而不当竞争、作奸犯科现象屡禁不绝的行业则更加普遍。如果监管者以强有力的权力之手将行业大门砰然关闭，这是一个利落潇洒的动作，也是一个简单粗暴的动作，也许违法违规者因此而暂时减少了，但行业的想象空间也随之关闭。我国正在推行减少审批、放松管制的改革，却又强调对产能过剩行业和其他诸多行业要严格准入、禁止新上项目，岂不自相矛盾？如果中国经济增长的引擎要转向创新驱动和内生动力，这不是一个好的开端。

政府监管并不是除了关门闭户就无所作为。恰恰相反，过程监管比入门监管更加有效，只不过这需要监管者付出更加艰辛的劳动。入门监管非常简单易行，基本上是一劳永逸，只要设立较高的进入门槛和实行繁复的入门审批就可以了，但在简单易行的背后，恰恰反映了政府的懒政逻辑。事实上，那些获得入门证的企业，不但可能在入门申请的时候造假作弊、请客行贿，而且在之后的日常经营中也可以大钻空子、无视法规和行业规范，并且有更多优势可以与政府联手排斥新企业的进入，维持行政垄断的市场格局。过程监管则非常辛劳操心，要覆盖众多企业的经营过程，要直接面对各色各样的人员，甚至要承受很多委屈。与成熟的市场经济国家相比，中国企业的声誉机制还远没有形成、品牌效应还没有那么巨大，再加上造假盛行、腐败难遏，多如牛毛的中小企业只要有一小部分作奸犯科，就足以令民众痛恨，令监管者疲于应付。不但一些西方人认为华人厂商的奸猾程度更盛，连越来越多的非洲人都这么看，那些国家的民众和政府对华人厂商的态度非常矛盾，监管部门亦头痛不已。在美国这样法治比较健全、监管者相对廉洁的国家，华人商家明知故犯出售质量指标不合格或假冒产品、违规占道经营这类事例也屡受当地民众诟病。可以理解，我国监管者常常无奈地感叹"一放就乱，一管就死"，每当情势迫切时就习惯性地强化审批、阻止进入。但是，一个实行关门主义监管方式的行业，将是一个缺乏想象空间的行业；一个实行关门主义监管方式的经济体，将是一个缺乏想象空间的经济体。

政府监管的偷懒、卸责与弄权

在市场经济中，由于司法手段的事后救济性，以及司法过程成本高、司法结果不可预料等原因，引入政府监管是必要的。当监管引入之后，监管机构本身的行为就须纳入研究者的视野。阿瑟·庇古在一个理想化的分析框架中假定监管者是出于公共利益而行事，因此监管能够很好地克服市场失灵，但后来的詹姆斯·布坎南和其他很多经济学家并不这么认为。在现实当中，我们不难观察到监管者偏离公共利益、增进自身利益的行为。最容易发生在监管者身上的自利行为就是偷懒，这种行为会促使监管者更加倾向于实施严厉的进入管制。

哈佛大学教授安德烈·施莱费尔对 85 个经济体的实证研究发现，多数经济体，特别是中低收入的非民主体制的经济体，市场进入成本都很高。

那些实施严厉进入监管的经济体往往伴随着更多的腐败和更大规模的非正规经济活动，而严厉的进入监管并没有带来私营部门和公共部门质量的提高。看看中国近两年愈演愈烈的金融乱象就知道了。一方面，非正规的影子银行及民间地下金融规模越滚越大；另一方面，无论楼梯多么响，民营银行等民间资本主导的金融机构就是没有几个下楼来，金融行业的供给与非金融企业的需求就是不能对口，更遑论行业腐败触目惊心。几年前，国务院表示下决心要在温州实行金融改革的突破。两年过去了，姗姗来迟的改革实施细则有什么突破？监管者不过是用一堆面面俱到的辞藻来掩饰放松进入管制的匮乏，民营银行等金融机构仍然无法诞生。中央提出，要推动民间资本进入金融业，探索设立民营银行等金融机构。但是在监管者厚实柔韧、不动声色的抵制之网里，这些改革设想到底会推进得多快呢？恐怕过了若干年，会再次被化为一堆面面俱到的监管者辞藻。

为什么监管者对放松进入管制会有如此厚实柔韧的抵制？首要原因是监管者的偷懒。新企业的进入会导致监管对象的增多，这无疑会增加监管者的日常工作量和工作责任。新进入的企业与监管者没有建立配合关系，监管者对它们不熟悉，特别是新进入的企业在建立规范运营体系、养成规范经营习惯方面都需要花费较长时间。那些规模较小的新进入者往往带有较强的草根气息，这些都会给监管者增添很多麻烦。因此，监管者为什么不维持严厉的进入管制呢？

当然，监管者还要卸责。受监管的行业一旦发生风险和事故，监管者就要承担责任。监管者会千方百计地寻找卸责方法，一种方法就是发监管文件。发了文件，就表明监管者对某种可能发生的风险和事故进行了必要的提示和防范，如果风险和事故果然发生，那么责任在于被监管者而不是监管者。提示和防范没有什么不好，但如果监管者自己不去进行严密的过程监管，只是把合规核查等事务推给企业，那么只需要企业自律就行了，无须设立政府监管部门。发文件还可以巧妙地塞进很多强化监管者自由裁量权的内容，以及限制进入和意图挤出的技术性条款，因此很多行业实际上是门虽设而常关，监管者振振有词说并未限制进入，而企业却总是感觉到玻璃门的存在。这样，不但监管者把限制进入的责任都推卸掉了，而且往往造成过度监管。监管者为了推卸掉一个小小的责任，就可以给监管对象压上大大的责任。譬如，银监会发布一个《关于防范外部风险传染的通知》，要求各银行将小贷公司和担保公司的管理权上收总行，并将对小贷公司授信情况与担保公司业务合作情况等报送监管机构。因为要防范风险，就草木皆兵，实在是舍本逐末。风险是不能完全根除的，草根也未必能全部归化。美国那些典当行、担保公司等小金融机构，还不是时常游走于灰色地带？如果我们的监管部门多发几个这样的文件，放松管制就搞成了明放暗收，国务院有再多的放松管制的决议，又有何用？

监管者的弄权也值得注意。监管者不但会利用一些机会来扩充人员、增加经费、扩大权力、提高级别，还会以风险暗示来影响当政者和社会公众，为自己收紧管制辩护，并巩固自己的监管地位。当某个国家发生银行倒闭时，监管者借题发挥渲染放松金融管制的巨大风险，这并不奇怪。因此，我们能看到一种很有意思的现象：当市场出现混乱，特别是当出现重大事故，社会上出现严重不满声音的时候，监管部门个别官员可能受损，譬如被免职降级或受到法规惩处，但监管部门集体可能是受益者，机构得到扩张、经费得到保障、权力得到增加。可是监管的工作绩效得到改善了吗？多数时候不是这样，或者恰恰相反。扩张的机构、扩编的人员，本身也会产生许多官僚性的、庸常性的工作，这在研究组织行为学的学者那里早有定论。所以，监管机构将会花费越来越多的时间和经费用于反对官僚主义，而不是用于监管。

监管既不易，发展良独难。面对汪洋大海一样的企业群体，特别是面对一些合规意识较差的中小民营企业，政府不但时时收紧进入管制，甚至可能动心消除民营企业。据说，当年抗美援朝时供给志愿军的绷带里竟然发现脏棉花，领导甚为震怒，觉得私有企业本性难移，这也许是当年国家决定加快实行社会主义改造的诱因之一。但公有制企业也有偷懒卸责等问题，而且比监管部门的偷懒卸责带来的后果更严重。须知，国民经济持续发展的动力来源于充满活力的企业群体，而不是充满强力的监管机构。

监管失职与监管过度

非常奇怪，严重的监管失职和严重的监管过度在中国同时存在。这两年，北京最吸引人们眼球的新闻之一，是建立在二三十层高楼楼顶的最牛违章建筑。人们发现，侵占公共资源的违章建筑和私搭乱建到处存在，有关政府部门辩解说，自己权力太小监管无门。查一查有关规章制度，就可发现对此类事情的监管职权基本上是清楚的，不作为和相互推诿属于典型的监管失职。事实上，所谓的最牛违章建筑因为非常显眼又非常夸张，才成为一则十分吸引眼球的新闻。其实在北京市和我国许多地方，违章建筑到处存在，而且长期失之监管。类似的监管失职在我国随处可见，使得中国社会在某些方面看起来像是最自由肆意、最不守法规的社会之一。而在美国，华人舞蹈队在纽约中央公园开大音响纵情排练，遭到投诉，警察在警告无效后可以将领队铐走拘禁，这种处理方式对任何人都是一样的。中国的法律法规对于制造噪声、排放污染物、危害食品药品安全等都有监管规定，也有执法部门，但是我们看到的却是普遍存在的监管失职和不作为。

普遍存在监管失职和不作为现象的领域，大多是那些需要监管人员耗费精力、敢于碰硬、没有油水的领域，或者是易于以收费取代监管的领域。而其他很多领域，则存在严重的监管过度现象。实行过度监管的借口之一，是控制和防范风险。现代商业社会可以说是一个由风险构成的社会，风险无处不在，而且容易扩散。但如果政府部门对风险不加分析一味恐惧，或者是不分青红皂白地试图禁绝所有风险，就可能出现过度监管，导致商业活力的窒息和社会运转的僵化。

金融行业是一个典型的风险型行业。我国金融业明显落后于经济社会发展的需要，这几乎是一个共识，而这一切都源于过度监管。政府也出台了多个文件试图加以解决，但局势并未明显缓解，在某些方面还在不断恶化，譬如中小企业的融资难问题。2008 年，国务院办公厅就发布过一份金融支持经济发展的文件，后来，又发布了《关于金融支持小微企业发展的实施意见》。随后中国银监会发布了《关于进一步做好小微企业金融服务工作的意见》，但通观整篇意见，像极了一份商业银行的内部管理文件，无非是要订立指标、设立考核体系来增加对小微企业的贷款等等，以及银行要牢固树立以客户为中心的经营理念云云。当然，更重要的是银行要将小微企业信贷计划报送监管部门，监管部门要对银行开展小微企业金融服务专项检查。监管部门对于银行自己的经营管理事务无微不至，告诉银行要针对不同类型、不同发展阶段小微企业的特点，为其量身定做特色产品等等，好像银行自己全然不懂如何做生意。而国办意见当中"积极发展小型金融机构"的内容，在银监会的文件中却不见落实的踪影。

中小企业融资难是否可以靠大银行设立中小企业服务部解决，是否有必要设立一批中小金融机构，存在争议。不少人就认为中国银行业的竞争已足够激烈，再去新设规模不大的民营银行，将会引起过度竞争、集中度下降和行业混乱，也不利于培育在国际上立足的大银行。但一些研究显示，中国的金融抑制与金融机构的规模和所有制过于单一有很大关系，目前的金融竞争仍然停留在同质化的简单层面，增进竞争的空间非常大。积极发展小型金融机构，包括贷款公司、民营银行等等，无疑会增加金融机构的多样性，引入异质性竞争。在现实当中，也很容易发现中小金融机构会更多地向中小企业提供融资服务的现象，不管这是主动的还是被迫的。银监会不厌其烦地教导那些大银行对小企业要积极创新信用评价方式和抵质押方式，其实这在目前数量有限的民营中小银行当中毫不新鲜。当然，民营银行并不一定就会专注于向中小企业融资，也不一定就会自我局限于做一个偏安一隅的小银行。不管是国有银行还是民营银行，只要有可能，就会更倾向于与国有大企业做生意。但是，只要过分的进入限制得到解除，只要过度监管得到消除，行业竞争将必然走向分层竞争的格局，不同规模的竞争者会自己寻找各自的客户群。在计划经济时代，政府曾不断督促城里的国营大商店派货郎下乡，那又有多大作用呢？而放开市场准入之后，小店开到村口，哪个村庄买不到油盐酱醋茶？如果银行业解除过度监管，没准儿自然就会形成大猫走大洞、小猫走小洞的银企合作格局。

民营小银行的确更容易出现经营风险，它们所服务的中小企业也是风险较高的客户群体，但这不能成为限制民营中小金融机构的理由。监管部门需要操心的是宏观审慎、道德风险、合规经营、风险传染等等，而不是替金融机构衡量风险和管理风险，更不是去禁绝风险。金融机构的投资者拿出自己的资金来冒蚀本的风险，金融机构的管理者拿着自己的职业生涯来冒行业禁入的风险，只要监管内容和监管规则是清晰的、严厉的，就应该解除对金融机构不应有的限制。他们就是经营风险的人，没有风险就没有业务、没有利润，如果要禁绝风险，就禁绝了金融行业。

地方融资平台财务风险被夸大，深层风险被忽视[①]

目前地方融资平台存在哪些最值得我们注意的问题和风险?

近几年，随着城市化的加快，基础设施建设任务加重，出现了大量新一类国有企业。这类国有企业，就是我们通常说的融资平台，或者说是平台化的国有企业，这是个新事物。我们不能完全将这一类国有企业归类为普通企业，因为它们不但事实上与政府相联结，而且看起来也有些像政府，但当然也不能说它是政府机构，因为它们毕竟注册为企业，以企业的名义从事融资活动和经营一些业务。

地方融资平台发展到现在，除了数量太多、家底不清、风险不明之外，最大的问题是这类新的国有企业性质定位不清楚，政企边界、企企边界很

---

① 本文由《中国经济时报》记者练琴采访整理。

模糊。这是融资平台的深层风险。国有企业改革进行了 30 多年，早已不允许政府官员兼任国有企业负责人，并且切断了财政对国有企业的补贴，财政也不能成为国有企业债务的担保，更不可能用财政的钱补贴国有企业的亏损部分，或是替国有企业还债。但是这一类平台化企业出现后，不仅出现了政府官员兼任企业负责人的情况，而且还利用国有资产做担保进行融资，甚至是将财政本身作为承诺，成为隐性担保，利用财政收入偿还债务，这就类似于改革前的国有企业，这才是最值得担忧的方面。至于债务沉重、偿债能力低下，以及可能引发财政、金融风险，也都是问题，但地方融资平台的性质定位、政企边界、企企边界的问题会对体制造成很大的伤害，扭曲了资源配置机制，模糊了政商界限，潜在的隐患非常大。

欧美金融市场出现剧烈动荡后，市场对中国经济硬着陆的担忧加剧，特别担心中国地方融资平台出现债务危机从而引爆严重的连锁反应和多米诺骨牌效应，应该如何防止这种局面的出现？

中国融资平台的财务风险被夸大了。地方融资平台目前的债务规模仍在可控范围内。债务偿还的风险并不是如外界所说的那么大，这不是最大的问题。特别需要提醒注意的是，由于融资平台是平台化的企业，政府可以随时将其拥有的庞大的国有资产进行重新打包注入平台化的企业当中，一夜之间就可以改变陷入财务困境中的融资平台的资产负债表、现金流量表和损益表，化解融资平台的财务危机甚至重获融资能力。尽管这又涉及前面所说的融资平台的深层风险，但对于化解短期财务风险无疑是有帮助的。即使从财政的角度来看，融资平台的风险也没有很多人所说的那么大。

目前中国财政是单一制，从上到下是一条线的关系，即使一个城市当年的财政收入不足以支付其债务，也不能就片面地认定它没有偿还能力，把中国的财政作为一个整体来看，它相当强健。中国的政府债务即使参照欧盟标准，也是可控的，更何况融资平台的许多债务还有抵押，有不少债务有对应资产。中国 GDP 规模每年以数万亿的幅度增加，规模增加很快。而政府现在就已经开始有意识地控制地方债务规模，如果债务规模能稳定在目前的状况，或是增加速度放缓，同时 GDP 又大幅度增加，这样以后地方负债占 GDP 的比重就会相应下降。

恰恰相反，利用扩张性的财政政策来进行基础设施建设，不但不会落到很多人担心的地步，反而还有进一步举债融资的空间，前提是资金要真正花在实处。如果这些资金能真正用于基础设施建设，改善中国经济发展的基础条件，真正为中国经济发展打基础，对经济发展有利，最后就会把中国经济这块蛋糕做大。1998 年亚洲金融经济危机爆发的时候，很多人诟病当时政府为建高速公路等基础设施而发行大量债券，即使当时高速公路的使用率并不高，但现在回过头再看，如果政府当时没有建设基础设施的决心，就没有我们现在完善的物流网络和发展经济的基础条件。只要这部分资金没有被不合理地挥霍，真正用在建设基础设施上，就是为中国国民经济的发展打基础，强筋骨。我们要看到地方债务的正面意义，用发展的眼光来看待地方债务。

央行表示，目前地方政府融资平台贷款清理规范工作正有序推进，包括清理规范依靠财政性资金偿债的公益性项目融资平台公司。降低风险最

主要该从何处入手？

除了摸清家底并进行清理，"解包还原"等一系列措施，最根本的还是要从性质定位方面入手。这些新一类国有企业的性质定位、政企边界、企企边界都要有清晰的界定。可以将这些地方融资公司定位为特殊法人，出台特殊的法规，说明其功能，规定其任务，赋予其权力，约束其行为。在此基础上，对数量过多的融资平台进行清理。在其他市场经济国家，也存在很多这样特殊的国有企业，被定位为特殊法人，按照特殊法人的性质设立并实施透明化、规范化的运作。

目前由中央代发地方债券的融资方式存在哪些利弊？应如何改进？

利在中央能够很好地控制地方债券的规模，从而控制政府债务的总规模。但中央代发地方债券的形式，就如同很多人想从正门进入一栋楼，但正门开得很小，很多人就会走侧门，甚至连侧门所在的墙都会有可能挤垮。除了清理整顿后将这些地方融资公司设立为特殊法人，还可以考虑让地方自己发债，并建立地方债券二级市场，通过反应灵敏的市场约束地方政府的融资行为。如果仅通过中央政府的政策约束地方政府融资，会产生很高的道德风险。

地方发债可以在中国某些财政相对健全的城市进行试点，就如同 20 世纪 90 年代初企业开始尝试发行股票的时候，基本没有企业完全符合美国、欧洲制定的股票发行标准，开始会有一些不太规范、不成熟的方面，但也是一步步走出来，逐步规范的。另外，地方如果要发债，也应该配备独立的税源，而不是依赖与中央的共享税或是财政转移支付。

第五章

加快企业转型

在旧增长轨道上，企业的会计利润很高，但实际上这些利润主要来自资源租金和垄断租金，以及简单的规模报酬递增。转向新增长轨道，企业的这种赢利模式难以为继，必须要转向创新租金和差异化租金。如果把经济发展比作一场牌局，那么过去企业热衷于抓好牌，未来则要专注于打好牌，重思资产负债表，盯住损益表。同时，政府也要反思和摈弃产业政策，退出不可预期的、非理性的市场博弈。

利润的来源

　　随着经济增速的下降，我国企业部门正在步入困难和迷茫时期。困难和迷茫时期，将是一个国家政策调一调、企业自己忍一忍就能过去的较短的时期，还是一个较长的调整与重组过程呢？分析一下企业利润增速和利润来源的变化，有助于找到正确答案。

　　在宏观经济环境出现变故以来，一段时期里，我国规模以上工业企业利润由之前几个季度的负增长重新回到正增长的轨道，许多企业松了一口气。但是，利润增长仍不稳定，很多企业刚刚有些松弛的神经又绷紧了。不少企业把当前利润增速回落归咎于人民币升值和利率过高，从而期望国家调整汇率和利率来破解难题。在汇率和利率等方面实施更灵活的调整和更大胆的改革是应该的，但是指望由此破解企业面临的困局，是不现实的，也没有看到问题的实质。

在 2008 年之前的经济高速增长时期，我国规模以上工业企业主营业务收入利润率基本上能够保持在 6.5% 左右的水平，特别是煤炭、有色等重工业行业有着更好的利润率。但 2008 年之后，利润率就呈现明显的下滑趋势。国家统计局 2013 年 5 月底公布的工业企业财务数据显示，虽然 4 月全国规模以上工业企业实现利润 4 366.8 亿元，比上年同期增长 9.3%，增速比 3 月提高 4 个百分点，但 1~4 月主营业务收入利润率只有 5.3%，比上年前半年 5.4% 的水平还要低 0.1 个百分点。整个 2013 年以及 2014 年，境况不仅没有改善，反而有所恶化，企业的实际感受更加深刻。主营业务收入利润率如此明显和持续地下滑，汇率和利率等因素无法给予太多的解释。即使是目前引起各方高度关注的产能过剩问题，也不能对利润率持续下滑现象提供足够的解释，因为工业企业主营业务收入本身还在以一定的速度增长，尽管这个增速与前些年相比已经大幅度回落。

其实从各行业利润的增减能够窥测出一些奥秘。在采掘业、加工业、制造业这三大工业板块中，目前利润下滑最严重的行业是采掘业，包括煤炭开采洗选、石油和天然气开采、有色金属矿开采等行业，这些行业恰恰是前些年"煤飞色舞"的资源性行业。而前些年因为资源价格高涨而利润备受挤压的电力等加工行业，反而因为上游资源价格下跌而受益。制造业很有意思，目前利润增速超过主营业务收入增速的，多数是那些处于下游的可贸易行业，如食品、饮料、纺织、服装、家具、造纸等行业。人们以为这些行业易受外需疲弱和本币升值的影响从而萎靡不振，但它们的赢利表现却是最好的。这些行业既不是战略新兴行业，也不是重点支柱行业，更不是资源密集型行业。其他一些制造行业，或者利润增速低于主营业务收入增速，或者利润增速波动较大，特别是一些重要行业的重点企业得益于政府的各种补贴以及其他收益，对企业的赢利能力起到了粉饰作用。不同行业有着不同的表现，实际上体现了一直以来不同行业的利润来源不一样。

在前几年日进斗金的高利润时代，能够实现利润快速增长的行业并不是那些处于下游的可贸易行业，而是"煤飞色舞"等资源性行业和竞争受到排斥的垄断性行业。曾几何时，我国企业部门的赢利能力年年提高，除了充分享受了规模经济收益之外，相当一部分利润来自资源租金和垄断租金。在一个所有重要资源都属于政府或者由政府支配的国家，在市场配置资源的机制不完善或者被有意压制的环境中，不管是国有企业，还是有路子有手段的民营企业，支付远低于应付价格的费用就得到了资源，如石油、天然气、煤炭、其他矿产、林木、土地等等，那么这些企业很容易就获得了利润。如果碰上需求旺盛和炒作火爆，进入《财富》500大榜单也毫不奇怪。这些企业获得了资源租金，并且资源租金顺利地转化为会计利润。有一些企业还垄断了一些资源和商业机会，不管是因为自然垄断还是行政垄断，导致可竞争性被阻断，或者竞争行为受到排斥，这些企业获得了垄断租金，垄断租金也转化为会计利润。但是会计利润不是经济利润，如果将资源租金和垄断租金剔除出去，经济利润要低得多或者为负数。

当企业的利润有相当一部分来源于资源租金和垄断租金时，这种赢利模式对企业的腐蚀是非常严重的。企业的思维会受到蒙蔽，企业的经营会受到误导，企业的惰性、投机心态和对政府的依赖心理会不断滋长，而且这些有害的东西会在企业之间快速传染。诚然，国家对资源的过度占有、政府对经济的过度管制，导致了这种赢利模式的流行，但企业自己也难辞其咎。在过去 30 多年里，许多中国企业源源不断、乐此不疲地加入追逐资源租金和垄断租金的行列当中，而过去十几年里尤为突出。那么多的老板、土豪、所谓的企业家，侃侃而谈自己的魄力、能力、毅力的时候，实际上谈论的都是"运作"。当众多企业沉浸在挖煤、开矿、圈地、卖楼、强化垄断的狂欢中时，像华为这样近乎偏执的企业是何等寂寞。

如果国家推动增长方式转变、打造经济升级版的态度是坚定的而不是摇摆的，那么我国企业部门就需要经历一个较长时期的调整与重组过程，这个过程将是痛苦的。不但企业部门需要经历这场痛苦的洗礼，政府部门也需要克服父爱主义的冲动和有形之手的挥舞。只有当企业部门的利润来源从资源租金、垄断租金和简单的规模报酬递增转向创新租金和差异化租金的时候，调整和重组才会看到曙光，中国经济升级版才会看到希望。

企业的抓牌与洗牌

我国许多企业都热衷于和擅长于"抓牌",也就是说,尽量争取各种资源、要素、机会。抓得一手好牌,当然就有更大把握赢牌,成为市场竞争中的优胜者。因此,能抓牌本身是好事。但是,如果沉溺于抓牌而成为一种习惯,并且忽视了如何打牌,忘记了还有重新洗牌的时候,那就麻烦了。

这一轮牌局已持续了很长时间,又快到重新洗牌的时候了。本轮牌局就是2003年以来的经济高增长和行业高增速下的游戏。20世纪最后几年,由于国内经济的深度调整和亚洲金融危机的巨大冲击,我们经济增长陷入了阶段性的谷底,企业部门经历了痛苦的再造过程。所幸,亚洲经济和全球经济在不长时间里就从衰退中复苏并步入了强劲增长轨道,而中国则以改革开放迎来了新世纪发展机遇。国有企业在世纪之交那几年里经受了严峻的改革重组，民营企业也经受了大起大落的洗礼。中国经济在 21 世纪初恰到好处地突破人均 GDP 1 000 美元这一重要关口，迎来了购买力蓄势爆发和消费升级、城市化加速和房地产大发展的大浪。再加上对外毅然加入 WTO、对内坦然接受农村务工人员进城这些具有转折意义的重大举措，中国经济增速一路向上突破，从 21 世纪初的 8% 左右上升到 2007 年的 14% 以上。许多行业，特别是重化领域的一些行业，增加值增速若干年都在 20% 以上。再加上较高的通货膨胀，许多企业的营业收入增速都在 30% 以上甚至更高。在这种需求增长旺盛、资产不断升值的情境中，很多企业形成了"捡到篮子就是菜"的思维定式，认为只要抢到好牌，就能做大做强。

这是一种典型的粗放发展的思维，这种思维进一步强化了中国经济增长的速度效益型格局。在那个时候，工业企业利润增速对 GDP 增速的弹性系数达到 4.5 以上，迫使每一个企业都不得不去追求更大的规模和更高的速度，这样才能成为更大的赢家，否则就会沦为输家。也就是说，规模扩张越快、产值增速越高，利润上升幅度就会越大；反过来，规模扩张越慢、产值增速越低，利润下降幅度就会越大。但是，这种游戏总有不能持续的时候，道理非常简单：加速度会受到燃料供给和引擎结构的限制。当加速度为负的时候，恶性循环就有可能出现。2008 年全球金融危机的冲击是一个警告，但是经济刺激计划带来的增速反转又麻痹了很多人。只有到了 2011 年之后，真正令人不安的境况才显现出来。仔细分析我国工业企业在 2011 年之后几年的利润情况，可以发现利润增速曲线的斜率很高，利润增速曲线和销售收入增速曲线的交汇点大约在 30% 这一区段。如果销售收入的增速在 30% 以上，利润增速将高于销售收入的增速；当销售收入增速在 30% 以下时，利润增速将低于销售收入的增速。也就是说，如果要维持利润与销售收入同步增长，销售收入增速必须在30%以上。无疑，这反映了效益对速度的严重依赖。更为重要的是，还有一条10%的红线，如果销售收入增速下滑到10%，利润增速基本为0，销售收入增速降到10%以下时利润会负增长。在不同所有制的企业中，私营企业表现得相对好一些，而国企对规模扩张和速度冲刺的依赖更强，其利润对经济回调更敏感。因此，经济增速的回调将给国企带来更大的考验：是通过改革来改掉沉溺抓牌、轻视打牌的经营模式呢，还是向社会抱怨手气没有以前那么好、向政府申请能不能多给几张好牌？这的确是一个考验。

经济有震荡、行业有波动，这是很正常的。过去我国企业的经验就是一个字：熬。熬字诀屡试不爽的大背景是，过了一两年或者两三年经济会重新回到高增长状态，百分之二三十或者三四十的营业收入增速又会回来。对于大多数行业而言，30%的营业收入增速对应着10%以上的GDP增长，所以熬上一两年或者两三年，再来大块吃肉大碗喝酒，这是一种合算的买卖。而2011年之后的这一次经济降速可能与以前若干次大不一样，可能主要并不是一次周期性的事件，而是一次趋势性的事件。如果中国的GDP增长在未来不能回到过去30多年10%的平均增速，那么大多数行业就无法达到30%的收入增速了，企业的主要心思还停留在抓牌上恐怕不行了。

中国经济未来几年很可能呈现"宏观好受、微观难受"的格局：宏观指标还不错，微观部门困难重重。宏观指标还不错，就是GDP增速可能在8%、7%这样一种水平上下波动，虽然不算高速增长，但也算是一种次高速增长或者中高速增长。而与这种GDP增速指标相对应的通货膨胀指标更加不具困扰性，就业率指标也能保持较好的水平，甚至政府收支也能获得适度增长。微观部门困难重重，就是企业营业收入增速显著下降导致盈利率指标出现恶化，不少企业将会出现支付困难和持续亏损。这样一种格局，将会导致重新洗牌，我们会看到企业两极分化、优胜劣汰、重组整合局面的到来，一些企业将会陷于破产关闭的境地。毫不奇怪，那些经营机制能适应市场经济要求、适应和调整能力较强、升级转型比较成功的企业将会胜出，并且越来越强大，而与之相反的企业将会陷入困境而出局。这一过程虽然痛苦但很有必要，对于中国经济最终转向内生平衡增长的新轨道，当然是大有益处的。

在洗牌时代，政府该做什么，这将是整个牌局的关键。如果政府以各种名目给企业补贴、帮企业还债，或者注入矿藏、土地等，动用公共资源，关注于个别企业，那牌局就更乱了。所以，政府应该顺应洗牌潮流，千万不要亲自上场抓牌，更不要抢牌。

重思资产负债表

中国企业界一个值得深究的现象是，在过去几年里，工业领域的资本报酬率其实并没有明显的上升，甚至呈现出下降的态势。但是，为什么投资膨胀得那么厉害？这实际上指向了另外一个问题，中国企业的经营导向到底是什么？如果资本报酬并没有上升，资本投入却不断增加，那么这背后可能有某种不同寻常的东西。

研究一下中国企业界的财务报表就可以发现，2003年以来是资产负债表急剧膨胀的时期，总资产和净资产的增长都很迅速，负债也大幅度攀升，国企尤其如此。资产负债表的急剧膨胀，一方面来自资金投入的连年高速增长，另一方面来自资产价格的重估。资金投入的高速增长并不奇怪，在真实利率为负的情况下，相当于住户部门在对企业部门进行补贴，企业当然会热衷于资金投入，只要能有渠道筹资，就敢于投资。资产价格的重估，部分是因为营业收入高速增长使得资产估值可以更高，还有一个重要因素，就是土地等不动产和矿产资源的价格重估，而这大有文章。譬如，随着城市化推进，土地自然升值，企业不需要做任何事情，就可以增加财富，并以此获得抵押贷款而产生现金流。而土地所有权性质的改变和土地用途的变更，包括那些普遍存在的打擦边球方式的用途变更，估值上升的空间又何止 10 倍。一亩产业用地是多少钱？以产业用地的名义获得土地，实际上又在搞商业开发甚至住宅开发，这又值多少钱？从农民那里征用集体土地是多少钱，而到了企业手里又值多少钱？这些都推动了资产价格重估和企业资产的膨胀。所以我们看到那么多的企业在编着各种各样的故事，规划这个产业园那个创新园，主要目的还不就是多圈土地以待升值？除了土地资产之外，矿产资源的配置和估值更是存在巨大的灰色空间。政府配置不像政府配置，市场配置不像市场配置，初次配置估值不明不白，二次三次配置估值节节攀升。事后来看，许许多多的腐败行为，都指向了矿产资源的配置和估值，其中巨大的设租寻租空间，并不透明。矿产资源到手后，不但本身可以成为资产表中的重要组成部分，并且也容易从金融部门获得后续资金投入，资产负债表也会因此膨胀。除了土地和矿产资源等资产之外，其他不动产也被挖空心思地"盘活"和"运作"。在那个时期，"资产大师"就是"经济大师"。资产价格重估和资金投入增加相互推动，能够把这种游戏不断做下去的就是赢家。

在经济增长高涨的情境中，这种游戏使很多人癫狂。尤其是当经济高速增长主要由重化工业所推动的时候，重资产、资金密集模式具有推波助澜的作用，土地、矿产等资源性资产的升值似乎更是看不到止境。所以许多人都产生了一种严重的资产幻觉：资产就是财富，资产价格优于现金流，资产升值高于经营利润。的确，经济增长的加速度会使这种幻觉一度成真，2003 年以来的一段时期里就是这样。但是当加速度终止的时候，尤其是当加速度为负的时候，资产负债表危机就一定会降临。

追求资产负债表的急剧膨胀而不是资本报酬的提高，在现金流能够勉强维持的情况下，不但财富效应显现，企业也可以借此扩大经营规模，不少企业的确就这样做大了。但是这样做的代价极大，一些很有手段玩那种资产价格重估和资金投入增加的游戏的企业，其实是在借政府之手和管制性的金融体系强迫住户部门补贴自己，并不断增加与政府部门和金融体系的谈判筹码。许许多多的企业只想着要把资产做大，继而把经营流量做大，利润其实并不重要，因为即使没有利润也有财富，也有谈判筹码。政府无法结束这种游戏，否则就难以保持财政收入的增长，因为我们的政府收入很大程度上就建立在企业经营流量的基础之上。金融部门不敢中断这场游戏，因为资产估值的崩溃也将意味着金融的崩溃。因此，政府需要维持和增加对资源的控制以使击鼓传花的鼓点不断敲下去，哪怕采取饱受非议的手段。而金融体系会倒逼央行投放货币，企业资产负债表的急剧膨胀最后就会传递到央行，使央行资产负债表急速膨胀。在这场游戏中，企业、政府、金融机构、央行都是参与者，有的是主动参与，有的是被动参与，有的是积极参与，有的是消极参与。但如果游戏结束，损失的分配就不一定只涉及这几个参与方了，实际上全民都将为此埋单。

事情发展的轨迹正是这样。2012 年之后，经济环境发生了重大变化，资产价格重估出现反复，维持现金流成为挑战。经济环境的重大变化，表面上看是中国经济增速下滑，往更深层次看，则可能是重化工业鼎盛时期的结束和三次产业结构的趋势性调整。面对这种变化，我们决不能掉以轻心，更不能掉入过去的思维陷阱不能自拔，企业界需要改变思维，应该将心思从资产负债表转向利润表。当然，中国的城市化和工业化并未完成，甚至经济增长速度和经济增长方式也有可能出现波动、跳跃、反复，学者并没有令人信服的能力也不需要对未来经济曲线做出巫师般的描画。在这样的情况下，笔者无法对资产价格的中长期走向做出清晰判断，因此，笔者不是很确定中国企业界是不是需要重建资产负债表，但是重思资产负债表，应该很有必要。

争戴"战略性"高帽

　　光伏产业在中国是一个很值得研究的产业,一方面因为它是一个战略新兴产业,另一方面它又是一个从无到有迅速崛起继而深度调整和不断洗牌的产业。2008年全球金融危机和之后的全球贸易摩擦给中国的光伏行业带来很大影响,一段时期里,产业寒冬中瑟瑟发抖的光伏企业,在2013年前后终于盼到了政府的送温暖行动。新闻报道透露,财政部、工信部等部门可能加快出台光伏行业的救援与扶持政策,并协调国家开发银行等金融机构加大信贷力度,各项支持性资金额度可能达到700亿元。

　　这是何等振奋人心啊!经济学界一直争论政府之手到底是帮助之手(helping hand)还是掠夺之手(grabbing hand),而中国光伏行业的情况表明,政府不但是帮助之手,而且是温暖之手。特别是光伏行业属于政府划定的战略性新兴产业，政府的雪中送炭恰恰能显示其睿智与贤明，而且光伏行业第一梯队的企业多数是民企而不是国企。政府救助扶持以民企为主体的行业，显示了中国的产业政策进步有多快。

且慢。看看我国光伏行业目前的寒冬是如何形成的吧。几年前，光伏等新能源被列为战略性新兴产业之后，许多地方政府就给土地、给资金、给优惠，督促光伏企业快速扩张，最好形成大集群。几年之内，中国成了全球最大的光伏制造国。当然，国外的市场由中国企业去攻占，这听起来不错，但中国光伏产业不只市场需求被国外控制，技术、设备、附加值、市场容量等大部分也都在国外。所以很清楚，光伏产业寒冬在很大程度上是政府造成的，而不是市场本身造成的。很多人认为，如果没有各级政府的积极推动，我国也不可能在短短几年里就成为全球最大的光伏制造国。这的确值得标榜，但代价非常大。政府的积极推动所导致的市场扭曲，几年之内都不能清理完毕，包括产能过剩等问题。因此，从光伏产业来看，政府带来了产业寒冬，又要送温暖御寒冬，这就是产业政策的失误。几十年来，我们有很多行业在重复同样的故事，冰箱、彩电、汽车、电脑等等，其中并没有哪个行业进入全球价值链的高端，形成全球竞争力。

产业政策在全球范围内是一个很有争议的话题，日本、韩国等东亚后发国家曾经通过产业政策加快对发达国家的经济追赶。不少经济学家认为它们的产业政策有很成效，尤其是在它们实行工业化的早期阶段。但是与日本和韩国相比，中国各级政府对产业政策的热情要高出很多，且不论计划经济时代我国政府对产业发展的直接支配，即使在改革开放以来30多年里，各级政府出台的属于产业政策的东西也是不计其数。中央政府就一些重点产业进行规划和适度干预似乎还说得过去，而一些基层地方政府，譬如县一级政府也要来制定和实施本地的产业政策，则是中国一个蔚为大观的特色。政府动员资源来打造一个产业或救助一个产业，即使它最终能够成为一个重要产业，也不能就这个产业本身的成长来评判政府的政策。美国哈佛大学前校长萨默斯讲的一个小故事很有意味。他说，如果哈佛校长对一个系主任说，现在给你们系增加一个教授名额且不占用系里现有预算，化学系、统计系等许多系主任会高兴地接受。但经济学系主任可能会问：现在增加一个名额，是不是包含着以后需要时不能及时得到一个名额的可能性？因为经济学系主任会从资源在不同部门不同时间进行配置的角度来思考问题。政府动用资源打造了这个产业，就意味着它夺走资源摧毁了另一个产业。各级政府如果选择产业，实际上还有多个参与者动态博弈的问题。这个地方的政府认为某个产业好，要大力发展，那个地方政府可能也会想到同样的事情。那么这最后是一个什么样的结果，是政府可以预期的吗？如果政府动用一切资源来实施产业政策，这是一场理性博弈吗？显然都不是。

许多人对政府比较迷信，认为政府会更加聪明，知道这个产业比那个产业更重要。真的是这样的吗？有些时候的确如此，譬如在早期追赶阶段的某些情况下，而多数时候则相反。市场比政府更聪明，因为市场可以分散试错和及时纠错。更何况，政府还要应付令人头疼的道德风险和腐败等问题，这些根本不是聪明能够解决得了的。即使从技术进步和生产率提升的角度来看，新技术和新产业未必比已有技术和已有产业更应该得到资源。经济增长理论的一些新近研究非常重视通用技术（general purpose technology，GPT），认为这些技术对经济发展的影响更加深远。政府用帮助之手把资源分配给新技术、新产业，并不一定能够更好地促进经济增长、增加就业、培育大型企业和有竞争力的企业。在本次欧债危机中，德国经济的良好表现受到许多称赞，而德国并不是一个热衷于新产业、新技术的国家，政府并没有战略性产业，并没有用有形之手去分配资源，反而是通用技术在德国的经济增长和全球竞争力中发挥着重要作用。瑞士、瑞典、荷兰等国家也是这样，甚至食品、纺织等被我们视作落后过时代名词的行业也保持较高生产率，这显然不是政府搞产业政策所得到的结果。

不过在中国，如果企业想得到更多资源和政府支持，最好是戴上"战略性"的帽子，如果政府不想无所作为，也应该不时送出"战略性"的帽子。这样人人争戴"战略性"高帽，政府临人以德，企业画地而趋，已乎已乎，殆乎殆乎。

搞产融结合不是抢输血机[①]

现在，产业资本进入金融资本的趋势十分明显。例如，大型央企不断扩大金融板块，上市公司频繁设立小贷公司等。出现这种状况的原因在哪里？产业资本为何热衷于进入金融行业？

产融结合正在成为一个越来越时髦的做法和越来越热门的话题。不过，首先应该对产融结合进行界定。产融结合从严格意义上说，是指工商类企业对金融类企业入股并产生实质影响力，或金融类企业对工商类企业入股并产生实质影响力。

其实不光是央企和上市公司，其他国有企业，以及很多民营企业，都

①　本文由《21世纪经济报道》记者邓瑶采访整理。

对产融结合有着浓厚的兴趣，当然主要是工商类企业意欲进入金融领域。为什么这么多企业热衷于产融结合？这在很大程度上是由我国实业领域的发展阶段和金融领域的发展阶段决定的，具有一定的必然性。过去30多年里，中国许多实业领域具有很高程度的开放性，特别是制造业领域的进入门槛非常低，所以竞争早已经白热化，许多行业的利润率都呈现明显下降趋势，一些行业的发展空间已经不像十几年前那么大了，甚至一些企业已经感觉到在实业领域难以维持下去。相对而言，金融业的开放程度要低得多，竞争没那么激烈，行业的赢利性要高一些且比较平稳，而且我国的金融业还处于欠发达阶段，有很大的发展空间，也需要有各种增量资本的进入。产融结合受到追捧有一个重要的背景，就是金融体系长期受到国家控制并且处于抑制状态。国家在很长一段时期通过自己控制的金融资源促进工业化，并扶持特定的行业和企业，也就是说，控制金融机构可以为实业输血。在金融抑制状态下，输血的成本可以压得较低。因此，在金融部门逐渐增强开放性的时候，工商类企业能控制金融机构，当然具有莫大的诱惑力。这不仅意味着工商类企业可以开拓全新的业务领域和利润空间，也意味着拥有自己的输血机的可能。

不过，笔者作为一个对产融结合进行长期跟踪研究的学者，认为不能光看到产融结合必然性的一面而忽视产融结合风险性的一面，只有两方面都看到才有可能使产融结合在健康的轨道上发展。现在由于实业领域的市场竞争激烈，以至于许多做实业的企业认为入股并控制了金融类企业就等于控制了钱袋子，这是对产融结合的很大的误解，有可能会把产融结合带到歪路上去。更进一步，一些制造业企业以为进入金融领域之后，容易把这些金融企业当成自己的输血机，可以通过资金控制的这个钱袋子来给实业领域输血，这看来是整合资源促进制造业的升级转型，似乎名正言顺。但是，如果由这种力量推动的产融结合缺乏审慎考虑和严格监管，就有可能出问题，并且有可能诱发金融领域的风险。实业领域的风险如果传导到金融领域，金融领域本身具有很强的传染性，一出问题就不好收拾。总而言之，既然产融结合在我国已经出现并且愈演愈烈，我们应该正视它，要同时认识到其必然性的一面和风险性的一面，这样才能正确应对。

对比国内和国外的产融结合情况，不难发现，国外产业资本控制金融资本很少是全面开花型，即银行、保险、证券、信托牌照都拥有。而国内则恰恰相反，产业资本希望尽可能多地持有金融牌照。中、外产融结合，出现这种差异的原因何在？对于企业而言，持有多个牌照的好处何在？

产融结合在东亚一些追赶型经济体更加普遍一些。美国的摩根和通用电气公司往往被一些国内企业家引为产融结合的典范和自己推行产融结合的依据。但摩根最终遭到了彻底的失败，而通用电气公司也并非外界所理解的产融结合，其旗下的金融企业不能定位成为本集团提供融资的平台，因为那是与美国法律相违背的。现在在美国、英国等国家，产融结合并不流行，法律也有严格的规定。在欧洲大陆一些国家，产融结合的情况多一些，但防火墙非常严密，金融机构与工商企业之间能够较好地保持距离。而日本、韩国、东南亚一些国家及我国的台湾，产融结合一度非常厉害，也有全面开花这样的情况。但结果如何呢？大部分产融结合的企业集团都出现了严重的问题，有些已经倒闭，并给整个经济造成了严重的负面影响。日本把那些兼具产业和金融业务的大企业集团叫作 Kreitsu，韩国则叫 Chaebol，这些大财团不但股权上具有封闭性，而且交易上也可以自我循环，透明度很低，监督难度很高，但是一出问题却需要国家介入和社会埋单，产生了很高的社会成本。这些国家和我国台湾在经济发展的追赶阶段，有意无意地默许甚至鼓励这样的企业结构和这样的商业行为，结果付出了沉重的代价。后来，日本和韩国都进行了企业领域和金融领域的改革，清理了这样的企业结构，整肃了这样的商业行为。我国目前正处于金融业的开放阶段，当然应该鼓励增量资本进入金融业，应该设立更多的商业金融机构，但是如何建立良好的规则，把握合理的分寸，避免重蹈日韩 Kreitsu、Chaebol 的覆辙，如何避免产融结合伤害微观审慎和宏观审慎，是值得高度重视的。

金融行业的净资产收益率（ROE）普遍在 20% 以上，而产业资本利润率相对较低。部分大型企业的金融板块收入，甚至接近总收入的一半。在国企改革主辅分离的大背景下，大型企业的金融板块利润激增，是好是坏？

金融行业需要放松管制、打破行政垄断、引入更多竞争，这方面的具体措施也应该包括鼓励其他行业的投资者进来设立新的金融机构。只有这样，才能从根本上改变工商企业给金融企业"打工"的现象。因此，工商类企业投资于金融，包括设立新的金融机构，从道理上来说是无可非议的，只要满足设立条件就可以了。不过，之后的监管更加重要，特别是如何保持实业和金融之间的相互隔离特别重要。

至于国有企业进入金融业，就需要做更加深入的思考了。过去几年为什么那么多大型国企搞产融结合？一个很重要的诱因就是他们的资金很充裕，于是就想涉足金融领域。也许辅业反而成了主业。因此，这不是一个国企改革的主辅分离问题，而是国有资本回报的分配问题和各个行业的国家所有权政策问题。工商类国企的利润是应该更多地纳入国家预算以用于国民福利的改进，还是应该更多地让企业管理层去自由支配，如进入金融业或其他新领域，等等，都需要做出回答。当然，金融业其实也需要有一个清晰的国家所有权政策，这样才会避免进退失据、莫衷一是。

金融行业的一个典型特征是，具有传染性。如何构筑实业领域与金融领域之间的防火墙？搞产融结合应该有哪些条件？

这是产融结合的一个核心问题。搞产融结合，如下几个条件很重要。第一，要有良好的公司治理。日本、韩国、东南亚有很多企业出现过产融结合失败的案例，而且导致了金融系统的风险，一看就知道是公司治理存在问题。产融结合对公司治理的要求更高，如果企业进行产融结合没有完善的公司治理，很容易发生"大而不能倒"的道德问题。第二，要有严密的内控机制。产融结合型企业集团，实业板块和金融板块之间必须要有令人信服的防火墙，否则风险很大。特别是我国的实业类企业，很容易找到金融板块向实业板块输血的借口，譬如说为了民族工业的发展壮大，为了防止重要企业的倒闭或外资侵入，等等。严密的内部控制机制，不光是指平时管用，最重要的是在紧急时刻也管用。许多输血挪用和利益输送都是发生在紧急时刻，最后导致风险扩散，难以收拾。第三，要有清晰的业务板块和组织结构。一个企业的业务如果是大杂烩，资金往来不清楚，就会有大风险。特别是那些组织结构和股权链条很复杂的企业集团，旗下有很多的子公司，利益关系很复杂，关联关系很隐晦，缺乏基本的透明度，很容易出问题，即使监管部门想监管，技术难度也很大。这是三个最基本的条件。

在产融结合领域，当前的监管分工如何？未来应该从哪方面加强对产融结合的监管？

金融业态的任何演变，都会对金融监管提出新的挑战。例如，混业经营迅速发展，就会对分业监管提出挑战。而产融结合的发展，无疑使过去的监管变得更加困难。单纯的金融监管要容易得多，产融结合使很多东西都比较隐秘，道德风险也容易发生，所以监管起来很不容易。目前产融结合在中国愈演愈烈，下一步金融监管部门应该把产融结合的集团作为一个监管重点。对于这样的集团，可能需要采取去集团化的监管措施，因为根据我们的一些分析，我国的一些产融结合集团，包括一些很著名的大型集团，股权链条和利益结构非常复杂，到了令人触目惊心的地步，而且相当隐秘，透明度非常低，如果不采取去集团化的监管措施，当问题暴露的时候，就已经不可收拾了。

增长驱动力主要来自非国有部门的活力 ①

增长驱动力主要来自于非国有部门的活力

一段时间以来，中国的经济似乎处于较为困难的阶段，许多人都感受到了，中国经济的活力在下降。这是什么原因造成的？

我们现在的经济增长官方说法已经从高速阶段向中高速阶段过渡，现实当中看到的我们经济增速下行的压力还是很大的，但要看到底是什么原因。

现在很多人都是从表象来分析，"三驾马车"都走不动了，"大马"投

---

① 本文由和讯网记者苏东采访整理。

资也不行了，"中马"消费也不振了，"小马"出口已经疲软了，这些都是表象。我们更应该看一看中国整个经济增长的驱动力在什么地方。

实际上，从改革开放以来已经看得非常清楚了。增长的驱动力主要就是来自非国有部门强大的创造力和不竭的活力。现在尽管非国有部门在我国经济当中已经占了很大的比重，但是国有部门在过去几年基本上仍旧在固守一些堡垒没有进一步改革，而且这个堡垒都是国民经济当中一些最重要的部门，最关键的部门。这样，这些部门就对别的部门的发展有了很强的制约作用。所以，现在经济增长下行的一个重要原因来自国有企业、国有部门对经济增长的拖累。

那么如何消除这种拖累？如何纠正由国有企业带来的市场扭曲？这是我们必须面对的问题，如果不解决，那么我们的增长要么就还是处于疲弱的状态，要么就只能靠货币超发和信贷泡沫，以及过度投资来再次回到粗放的、扭曲的、失衡的发展道路，以后的"后遗症"会更大。因此，国有企业的改革应该尽快推进下去。

如果广义的政府改革，也就是国家治理的改革，以及国有企业改革，这两大改革不能在以后几年向前迈出坚实的步伐，我们经济社会当中很多矛盾不但不能消除，还会进一步积累，我们下一步的发展会背上一个沉重的包袱，也会引发很多不稳定、不安定的情况。

关于国企与民企竞争力比较的问题，一个铝行业的情况或许可以做佐证。在铝行业中，原来一直是国企中国铝业一家独大，后来进入了好几个民企，比如山东信发集团、魏桥集团等。

以前只有中国铝业自己的时候，似乎感觉他们的效率和竞争力也不错，技术上也在不断进步。但是当这些真正的民营大企业进来之后，就发现作为国企的中国铝业的竞争力实在太弱了，这几年来不断严重亏损。现在中国铝业希望通过行政干预的办法用治理重复投资、过剩产能的方式帮助他们挽回损失。虽然没有明确说是为了打击民企，但实际上就是要压制民企的发展。那么，现在轰轰烈烈搞的压缩重复产能，是不是一件很麻烦的事情？

在 2001 年、2002 年之前，中国的电解铝是中国铝业这家国有企业一统天下，大概 2003 年、2004 年左右，有民营企业开始进入电解铝行业，像东方希望。氧化铝在 2005 年之前也是中国铝业这家国有企业一统天下，2005 年之后氧化铝逐渐放开。可以看得出来，这个行业有民营企业进来竞争之后，行业的格局发生了很大的变化。

事实上，早在 2004 年，国家就把电解铝行业列为严重过剩的行业，其实那个时候电解铝行业整个产能也不过才 500 万吨。而到 10 年之后的 2013 年，整个中国的电解铝的需求量已经达到了 2 000 万吨，是那个时候的 4 倍。从这一事例上可以看出，政府并不了解市场需求。

政府根本就不可能知道市场有多少需求，假如只是坐在办公室，想当然或者仅仅听取垄断国有企业的一面之词，就对这个行业加以限制，特别是限制民营企业进入这个行业，通过这种方式来排斥竞争，保护国有企业的利益，这对于整个经济发展、行业发展是非常不利的。

中国铝业过去几年亏损很严重，个别年份大概是通过一些卖资产的方式才勉强地在账面上看起来是赢利的。但是它的竞争对手，山东信发、魏桥集团、东方希望，好多民营企业还是赢利的。国有企业一吨电解铝的人工成本可能五六百块钱，民营企业一吨电解铝的人工成本才一两百块钱，这样的情况下国有企业怎么能够赢利。国有企业一个几十万吨的电解铝厂管理人员可以有 1 000 多人，而一个民营企业一个同样大小的电解铝厂全部人员才 1 000 多人。而且国有企业那些管理人员很多都是干部，都和政府官员有千丝万缕的关系，包袱如此重，国企又缺乏自卸包袱的机制，自然无法摆脱包袱，无法和民营企业去竞争。

实际上现在我们很多行业，所谓的产能严重过剩在一定程度上是一个谎言。这个谎言是为了保护落后的国有企业，是为了排斥竞争。我想，电解铝就是一个活生生的例子。其实在钢铁、水泥等行业，都是这样的。政府部门与国有企业联合起来编造谎言，对这些行业加以限制，排斥竞争，一方面强化政府的权力，另外一方面阻碍了产业洗牌和经济发展。所以，这是要去改变的。

当然，民企也有好多毛病，特别是那些中小民企，确实做过一些假冒伪劣、坑蒙拐骗、偷税漏税、破坏环境的事情，在某些地方比国企要严重一些，因为它逐利的动机更强，但这恰恰是要加强社会性的监管。对国有企业也是一样。

社会性的监管跟经济性的监管是不一样的。经济性的监管很多是一个入门的管制，进入管制，可以不允许进入；而社会性的监管主要就是事中、事后监管。

社会性监管就是，企业可以进，但在进来之后，事中，也就是它生产经营过程当中，政府不能偷懒，全过程都要盯着它的合规性、合法性。企业没有犯规，政府就像裁判一样在那儿站着，一犯规政府火眼金睛，马上吹哨、举牌，这是政府的责任。

所以我们只要放松经济性监管，强化社会性监管，让国企和民企公平竞争。后面再跟上一句话"优胜劣汰"，如果没有优胜劣汰这句话，实际上就不是公平竞争。竞争之后总有一个高下输赢，输家应该离席退场，也就是被淘汰。如果输家没有退出机制，还是耗在那里，就成为"僵尸企业"，也是消耗社会资源的，或者还从政府那里得到对它或明或暗的支持和补贴，实际上这就不是公平竞争。

因此，公平竞争、优胜劣汰，这些话说起来很容易，但是做起来是要伤筋动骨的，特别是要伤国有企业的筋，动国有企业的骨。这对政府来说就是一个实实在在的不可回避的问题。

改革出现阶段性和局部性倒退的可能性仍然存在

我们知道之前召开的党的十八届三中全会，其实给思想界带来一种如沐春风的感觉。但是在召开之后，又发现现实中我们似乎并没有足够的进步，甚至有些地方还有倒退，甚至有人说三中全会决议有可能会沦为一番空话。中国社会真的会很难向前进吗？

实际上社会的基本趋势还是在不断向前推进，因为民间社会有一种自然向前走的力量。"青山遮不住，毕竟东流去。"可能会有很多阻挠改革的力量，即使费尽心机想要阻挡社会前进的脚步，但顶多只能延缓改革进程，而难以根本改变社会向前走的方向，因为前进的动力来自民间社会。当然，在某些阶段和某些局部，改革出现倒退的可能性还是存在的，但是我相信民间社会一定会再次将中国带向改革的方向。

中国这个社会现在已经变得越来越开放了，信息技术也非常发达，这会有助于我们民间社会公民力量的觉醒和崛起。这样的民间社会和公民力量，才是推动改革真正的动力。这一动力在目前越来越开放的社会中已经没有哪一种官方的力量可以压制得住，所以我觉得中国的社会还是有希望的。我们到地方上去调研，跟很多人接触，就可以看到社会还是有很多的活力，还是有一种向上的力量在勃兴，所以也不要悲观。

上述言论，让人想起 2004 年在顾雏军案件当中，有很多争论。您代表一派的理论主张我们应该公正公开公平地审判，但当时另一方在舆论上占上风，主张清算国有资产流失。顾雏军的案件最终被判决是他败诉了，甚至入狱。当时很多反市场经济的人士都在庆祝。但现在过去了这么多年，社会舆论导向还是有一些反转的，这是不是由于您所说的我们公民思想的觉醒呢？

多元化本身就是公民力量的应有之义。公民组成的社会应该是包容性的，应该是多元化的。一元化的社会可能并不是一个公民组成的社会，包括学界也不能是一元化的。多元化应该是一个正常学术界应有的结构。无论是社会上，还是在学术界有多元化的声音、多元化的力量，都是非常正常的，而且是有利于社会试错或社会平衡的。问题在于我们在那个时候，包括现在，社会上的一些声音，包括舆论的声音，每一种力量、每一个群体的声音是不是能够正常发出来，是不是受到干预，甚至受到压制。

因此，在 2004 年的时候，关于国企产权改革的大讨论有多种声音，完全是一件正常的事情。但是我们需要反思的是：在这些过程当中，我们有关部门是不是过多地介入对舆论的影响？以及我们的政策如何受到舆论的影响；在一个舆论纷纷的氛围当中，学者、政治家、企业家等等，如何能做出清晰的判断和表达理性的声音。

另外需要反思的是我们的司法体系。司法体系当然应该关注社会舆论，但是首先要看它的专业性和独立性是不是有足够的保证，如果在这方面没有足够的保证，就会受舆论的裹挟和左右，这个社会也不是正常的社会。一个多元化的社会应该司法是司法，舆论是舆论，学术界是学术界，它们相互沟通、相互影响，同时各自有各自固有的逻辑、规律和它们的专业精神，这样才是多元化。

从当初社会民众的认知，到现在民众的认知，是不是也有很大的转变，甚至可以说有很大的进步？

是有很大的转变，有很大的进步。这种进步来自社会越来越开放，包括舆论越来越开放。一个偏激的民间社会，在很多时候是因为这是一个受管制的社会。一个社会管制得越久，压制得越严，民间社会就会变得越来越偏激，越来越极端。当种种不正常状态出现，很多方面老百姓不知道真相，不知道来龙去脉，我们很多东西都是封锁的，很多东西都是遮遮掩掩的，很多东西都是受到压制或者受到包装的，导致老百姓对什么东西都不信任，他们当然就会变得非常偏激，变得非常极端。

所以社会如果出现不正常的、偏激的状态，我们官方，我们学者，我们舆论都要反思我们在哪方面做得不对。一个成熟的社会一定是开放性很强的社会，这样的话大家对很多事情会见怪不怪，泰然处之，大家能够进一步做理性的判断。

中央的一些重要文件出台，从中可以发现社会有了哪些进步，或者我们政策的哪些改变、哪些领域的改变最迫切、最重要？

我们的社会在过去 30 多年虽然有很多进步，但在过去 10 年里还是有些原地踏步，有一些领域甚至还有所倒退。党的十八届三中全会开完之后，至少有两个领域还需要我们着力去突破：第一，政府改革；第二，国企改革。

我说的政府改革是一个泛政府的概念，实际上是讲国家治理层面的，不完全属于我们讲的狭义的政府部门，尽管政府部门改革也是非常重要的。

实际上政府改革或者叫国家治理改革在十八届三中全会已经破题了，国家已经开始意识到这个问题了，但是下一步怎么去做我们可能还没有一个清晰的思路。我们是不是可以慢慢去等，慢慢去想？但是时不我待。改革开放以来已经探索了 30 多年了，新中国成立以来已经探索了 60 多年了，假如从中国近代以来开始算，鸦片战争、洋务运动，已经探索 100 多年了。我们经过这么长时间的探索，实际上一些基本的思路、基本的方向很多人是很清楚的。

另外，更多地让普通老百姓参与，更多的包容性，进一步的多元化，是一个很自然的规律，我们很多人也越来越认同这一点。所以，这方面要去做，如果不做，只是把政府改革局限于一个狭义的简政放权，最后还是一个死循环。

　　简政放权完全不是新东西，在 20 世纪 50 年代我们就开始觉得权力太集中，地方上没有它的空间，企业没有主动性、积极性，所以开始了放权；放了之后又觉得全国一盘棋的状态又没有了，中央不能统一协调了，所以又收权。收了之后又觉得没有生机，没活力了，又放，这是一种死循环。靠政府自己，靠内部的上下级之间关系的调整，是走不出这种死循环的。

　　所以，政府改革还是要纳入到国家治理改革的高度。必须要有一些基本的原则，基本的方向，让老百姓更多地参与，社会要有更强的包容性，更进一步地多元化，这些东西是完全可以去做的。只有借助于这些改革，政府的简政放权才能走出死循环。

第六章

经济增长与国企改革

总体来看，传统的国有体制难以做到与市场经济相容。国有企业不但扭曲了市场，也拖累了经济增长，成为下一步内生平衡增长的抑制因素。对国有企业进行转换机制的改革，有利于在改善效率的基础上提振经济增速。但是，简单地合并国有企业算不上是改革，国有企业改革还是要抓住产权改革这把总钥匙。下一步国有企业改革需要引入新范式，同时要克服一些政策挑战。

国有企业与市场经济相容吗

　　一个央企，长航油运，由于资不抵债而退市。另外的央企，中国外运长航集团、中远集团，由于巨亏而求救。这类事情在笔者看来一点也不值得大惊小怪，因为这只是历史的重演而已。了解国有企业发展和改革历程的人都知道，十几二十年前各级政府搞了许多"拉郎配""政府捏合"的国有企业集团和兼并重组，一方面是为了把国有资产整合起来以发挥规模优势或协同效应，另一方面可以让优势国有企业带活或消化劣势国有企业，所以发展企业集团和兼并重组就成了推进国有企业改革、增强国有企业活力的一个重要法宝。但后来结果怎么样呢？的确也有一些国有企业通过这种方式发展壮大了，但总体而言，国有企业集团普遍存在"集而不团"的现象，一些优势国有企业反而被劣势国有企业拖垮了。当宏观景气消退、经济增速下行的时候，更多的矛盾和问题暴露出来，企业出现亏损、陷入财务困境，然后国家开始介入帮助收拾烂摊子，这在十几年前就经历过。如果不对国有企业做根本性的改革，这种事十年八年来一次，简直就是规律，已在我们这些研究者的预料之中，并没什么好奇怪的。

国有企业由于所有者缺位，企业经营本来就在内部人控制和国家干预之间进行拔河赛，不管谁是赢家，企业所有者永远是输家。的确，内部人控制在很多时候要比国家干预好得多，有些优秀的内部人具有很强的市场意识和市场化经营能力，能把企业做得很大，而且一时看起来也很强。但这种情况下十有八九会出现内部人不合理、不合法地严重侵占公司利益的现象，所以笔者把市场化进程中的国有企业定义为"内部人控制和内部人分享的企业"。内部人侵占和内部人分享，最终是由所有者和债权人埋单。国有企业本来就处于这种状态，把国有企业发展成大企业集团，不管是"拉郎配""政府捏合"，还是企业自己不断分蘖扩张，集团结构更有利于内部人控制和内部人分享。现在国有大企业集团总部最关心的就是所谓的"集团管控"问题，其实就说明了集团里面各级企业的内部人控制和内部人分享都有点无法管控了。

国务院国资委下面只有110多个集团，可是这些集团的各级法人加起来有3万多家，平均每个集团下面有300多个各级法人。国务院国资委曾经下大力气"减少层级"，把法人层级减到三级以内，可是这么多年下来有成效吗？五六个层级的多得是。那些做大了的国有企业集团，各级负责人有那么大的支配权和控制权，随便搞一点什么花样，就能实现利益侵占和利益输送，企业资产资金的"跑冒滴漏"真是触目惊心。国有企业并没有基于所有者合法权利的公司治理来提供合理的激励机制和约束机制，内部人不时拿着企业去狂赌，赌赢了就成了前呼后拥、到处领奖的大企业家，赌输了由国家来收拾。这样的企业，即使发展了、壮大了，也不是市场化的企业，也与市场经济不相容。

企业要真正与市场经济相容，不但产品和服务要通过平等的市场竞争来出售，要素和资源要通过平等的市场竞争来获取，它的所有权也要通过平等的市场竞争来配置，控制权更要通过平等的市场竞争来分配。如果国有企业在市场竞争中处于下风，但是国家还是不容许这个企业的所有权重新配置变成非国有，甚至国有企业的股本都输光了，国家还要继续输血来维持国家所有制的存在，这怎么能算得上是与市场经济相容呢？很多国有企业在宏观经济景气上升时期，看起来好像是市场化了，但是当景气下滑的时候，那种伪市场化的面貌就原形毕露了。如果热衷于把国有企业拢到一起，不管是搞什么集团化，还是搞什么平台化，或者是受追捧的捆绑上市、捆绑融资，以及最近很时髦的国有资本投资运营公司，大多数不过是继续掩盖伪市场化的真面貌，回避真正的市场化改革。这些不但解决不了什么实质性的问题，反而会拖延实质性改革的时间。

一个国有企业在证券市场退市，竟然被当作一个典型，不但说明我国证券市场离真正的市场还很远，也说明了国有企业离真正的市场经济还很远。不过，能够退出证券交易毕竟是一种进步。但是这个进步远远不够。长航油运所处的航运行业，正是国有资本要保持绝对控制力的行业，其他还有军工、电网电力、石油石化、电信、煤炭、民航等六大行业也是由国有资本保持绝对控制力。也就是说，哪怕企业亏得一塌糊涂、输得一败涂地，国有企业也不会从市场中退出，还会由国家来输血，以保持国有资本的绝对控制地位。难怪长航油运在特别处理之后，还有那么多股民要去炒，他们赌的就是国有制的绝对控制。如果把极少数行业划定为关系国家安全和国民经济命脉的行业，并规定由国有资本来控制，现在也是可以理解的。但是如果那么多行业从一开始就被设定为国有资本必须保持绝对控制力或者较强控制力，这岂不是还未比赛就定好了冠军吗？这些事先就定好的冠军，与平等竞争的比赛相容吗？因此，国有企业是否与市场经济相容，答案不是很清楚吗？

下一步的经济增长与国企改革

下一步的中国经济增长，不但在我国国内，也在全球范围内，引起了高度关注和热烈讨论。我国政府用"新常态"来概括经济增速下滑态势和提质量调结构的压力，一些国际机构用"加快结构性改革"来提示中国经济面临的风险，而劳伦斯·萨默斯等很具影响力的经济学家则用"回归全球均值"来说明长期高增长的不现实性。

不过，中国仍然是一个发展水平不高、发展很不平衡的大国，我国的综合国力和国民富裕程度与发达国家仍然有很大差距。因此，较高的经济增速至少在未来5~10年仍然十分重要，特别是如果能在克服粗劣的增长方式和丑陋的增长后遗症的情况下。

已经有太多的经济学家分析过和谈论过下一阶段中国经济的潜在增长

率问题。从标准的宏观经济学角度来看，无非是人口红利的消失、资本投入速度的衰减、生产率提升难度的加大等，都有相应的研究成果，此处不想赘述。但宏观分析框架的精密性背后所存在的缺陷，往往被严重地忽视了。这不但可能导致经济增长分析与实际情况的不吻合，更可能导致经济增长研究的政策含意不得要领，或者偏离实际工作者的经验和直觉。这个缺陷就是：标准宏观框架下的经济增长模型，不能将微观经济主体的活动直接纳入其中，而人们都知道，宏观经济增长的基础是微观经济主体。经济增长研究所关注的劳动、资本、生产率，乃至研发创新、人力资本、知识资本等，这一切是自动生成和自动发生的吗？不是！这一切都由微观经济主体——企业生成。如果没有企业的活动，劳动、资本等要素以及研发创新、知识创造等创造性因素，以及对需求的发现和挖掘，又如何能够进入经济过程中，然后造成经济增长并继续内生延展下去？可惜这些简单而又非常要紧的道理被标准的宏观经济框架抽离掉了，在很长时间里，国际上只有威廉姆·鲍莫尔等少数优秀的经济学家试图克服这一缺陷。他们批评道，经济增长研究中存在一个"失去的环节"，并呼吁找回这个"失去的环节"。

分析中国经济的下一步增长，更需要找回这个"失去的环节"，因为这个环节包含着一个与众不同的国企群体。如果无视这个国企群体的存在，如果忽视国有部门与非国有部门的不同，就不能找到提振经济增速的完整解决方案。事实上，一些研究已经发现，即使在那些不存在庞大国有部门的国家，特别是在一些市场不均衡的发展中国家，如印度，这个"失去的环节"也隐藏着许多拖累经济增长的疾患，譬如非外向型部门的企业效率低下并乐于寻租。这些将"失去的环节"连接到宏观框架的研究，尽管看起来并没有什么全新的分析方法，仍然是基于生产函数和生产率的研究，但这样的研究路径的确非常有助于加深我们对企业特性与经济增长之间关系的认识。近段时间以来，我国政府大力提倡"大众创业、万众创新"，通过简政放权、改税限费等方式为企业的创立和创新清除了更多的障碍，正是朝着找回"失去的环节"迈出了正确的一步。如果还能大力推进对国企群体的改革，就可以在找回"失去的环节"的道路上迈出更大的步伐。

尽管许多人都能感觉到中国的国有企业与经济增长之间的关系，但如果不进行深入研究，并不容易说清楚。一方面，近两年经济下行压力较大。我们看到国企被政府要求"保增长"，国资委还专门设立了保增长领导小组之类的机构并向国企下达有关任务、指标，看起来国企对于提振经济增速有正面作用；而另一方面，我们也可以看到，国企比重较大的区域，如东北地区，经济增速在宏观周期的收缩阶段下滑更厉害。因此，应该超越单纯的现象观察，努力揭示中国国有企业与经济增长之间可信的逻辑联系，并建立可算的数量关系，这样才有意义。

笔者在这方面进行了一些尝试性的研究。研究表明，在改革开放以来向市场经济转轨的过程中，更大的非国有经济比重与更好的宏观经济表现有着较强的相关性，非国有经济比重的提高，可以使资本得到更加充分和有效的利用，从而可以更加有力地增加资本存量和促进经济增长；可以显著地促进出口和吸引外资，提高区域经济的外向度和经济全球化程度；可以增强对物价上涨的消化能力，有助于抑制通胀，有利于宏观经济的平稳运行。研究结果显示，改革步伐停滞的国有企业，在新阶段的中国经济中起着增长抑制作用，构成了对下一步经济增长的拖累；坚持推进国企改革，对于提振经济增速具有重要作用。

在计算了国有企业和非国有企业的生产率及溢出效应等方面的表现之后，我们可以具体模拟国有企业改革到底可以提高经济增速达到多少个百分点。为了获得量化的研究结果，我们确定了经济增长的基准情景，并设定了三种进度的改革情景：第一种情景是缓慢的改革，每年只对代表 5% 国有部门产出的国企进行改革，即将这些企业改造为非国有控股的混合所有制企业，连续进行 10 年；第二种情景是稳健的改革，每年对代表国有部门产出 10% 的国企进行同样的改革并持续同样时间；第三种情景是积极的改革，即每年对代表国有部门产出 20% 的国企进行同样的改革并持续同样时间。

通过可计算一般均衡模型（CGE）的模拟，结果显示，在下一个 10 年里，缓慢的国企改革可使经济增速平均每年提高 0.33 个百分点，稳健的国企改革可使经济增速平均每年提高 0.47 个百分点，积极的国企改革可使经济增速平均每年提高 0.50 个百分点。特别是在最初几年里，每种情景的国企改革对经济增长的促进作用都比较显著，在前六年里，三种改革情景下经济增速平均每年将分别提高 0.45、0.73 和 0.93 个百分点。具体的模拟数值见表 6–1。在表 6–1 中，第二种方案的最后一年和第三种方案的后四年，经济增速低于基准情景。这是模型所反映的工业化中后期以后经济增速渐降规律所带来的数值降低，不应理解为国企改革在多年以后会带来经济增速的损失。这个模拟分析告诉我们，哪怕只实行稳健的国企改革，只要坚持不懈，对经济增速的提振也是明显的，平均每年提高 0.5 个百分点左右的增速。这对于当前已经掉到 7% 上下且不易稳住的经济增长来说，绝对不是一个可有可无的贡献。

表 6-1　国有企业改革不同方案下 GDP 增速和人均 GDP 水平与基准情景的变化

情　景	年　份									
	2015	2016	2017	2018	2019	2020	2021	2022	2023	2024
增速：基准	7.25	7.05	6.98	6.91	6.58	6.63	6.32	6.14	5.95	5.74
方案 1_5%（△）	0.57	0.58	0.48	0.41	0.35	0.30	0.23	0.18	0.13	0.07
方案 2_10%（△）	1.11	1.04	0.79	0.62	0.49	0.36	0.22	0.11	0.01	-0.08
方案 3_20%（△）	2.09	1.63	1.01	0.61	0.33	0.09	-0.04	-0.08	-0.15	-0.23
人均 GDP：基准	7 641	8 152	8 685	9 250	9 823	10 441	11 070	11 721	12 395	13 088
方案 1_5%（△）	0.53	1.08	1.53	1.92	2.26	2.54	2.76	2.93	3.05	3.12
方案 2_10%（△）	1.03	2.01	2.77	3.36	3.84	4.18	4.40	4.52	4.53	4.45
方案 3_20%（△）	1.95	3.50	4.47	5.07	5.40	5.34	5.30	5.22	5.07	4.83

　　需要承认，推进国企改革，尽管可以通过模型计算其给经济增长带来的数量影响，但模型有模型的缺陷，这是毋庸讳言的。模型并不能包含所有重要的因素，更不可能将所有这些重要因素之间的关系进行准确的函数化，而且一些参数的设定以及样本的处理涉及人为判断或技术疏漏。即使是对基准情景的分析，模型也不可能考虑到一些政府官员对反腐败、正风气所做出的懒政反应。对国企改革情景的分析，更不可能预料各种群体对改革举措所做出的复杂反应。但是，通过数量关系与逻辑联系的相互印证，通过它们与大多数经验观察的相互印证，以及通过一些补充性的分析，可以使研究更丰满、更扎实、更接近实际。

　　一个补充性的分析就是国有部门对产业演变的影响。我们发现，国企根据发展阶段的变化、市场需求的变化和技术的变化实行结构合理化方面的表现更差一些，除了少数行业和少数企业之外，国企的创新表现也不如民营企业；国企的存在，也不利于政府产业干预的退出和优胜劣汰的发生，以及试错型创新的活跃。总体来看，庞大的国有部门对产业结构的调整和产业体系的升级转型有一定阻滞作用。从较长的时间进程来看，经济的持续增长当然取决于符合规律的产业结构调整和产业体系升级是否顺利。由此也可以推断，随着时间的推移，国有部门对产业演变的不良影响也会对经济增长产生抑制作用。

　　当然，我们需要历史地看待国有企业与经济增长之间的关系，或者说，需要从经济增长不同阶段这个角度来看待国有企业与经济增长之间的关系。一个后发的经济体，在工业化启动阶段，由于要素的积聚和投入是推进工业化和促进经济增长的至关重要的因素，企业效率和企业创新的重要性退居其次。如果不考虑政治和社会方面的其他负面效果和后遗症，此时通过政府的有形之手来设立一些国企并协调国企之间的分工协作关系，可能在一段时期里是能够起到积极效果的。在新中国成立后我国推进工业化的早期，由于苏联的巨大影响，加上国内市场化的资本积累机制发育迟缓及得不到政治认同，我国自然而然地选择设立大量国有企业来建立自己的工业体系。应该说，通过设立大量国企来快速推进工业化、快速促进经济增长，是符合当时历史背景和思想逻辑的一种选择，而且事实上也在一个时期里达到了这个目的。当然这里我们不讨论社会代价和各种后遗症。

不过，当工业化发展到一定程度之后，随着效率因素重要性的提高和外部市场条件的逐步成熟，国企低效率所导致的负面影响就会越来越明显，不但国企自身的经营困境会交替出现，宏观经济也会不时受到大起大落和比例失调等种种窘境的困扰，依靠国企推动工业发展和经济增长的作用开始削弱并最终成为经济持续增长的障碍。实际上，中国的国企早在20世纪六七十年代，也就是仅仅在国企被大规模设立的十几二十年之后，就开始显露出种种弊端。特别是当中国决定实行改革开放，在市场化和全球化的新环境中，国企的不适应性就愈加凸显。因此，中国在1978年就启动了国企改革，改革的基本方向是推行国企的市场化。也就是说，国有企业的改革方向与中国经济体制改革的方向是一致的。

虽然自1978年以来，中国国企的市场化改革取得了很大成效，特别是在20世纪90年代末至21世纪初的那一轮改制重组，不但显著地削减了国有部门的规模，也通过卸包袱、输血液、活机制等措施在较大程度上恢复了国有部门的元气和竞争力。不过至今为止，我国仍然保留了比较庞大的国有部门，国有资本几乎遍布于所有行业，而且国企的经营机制从本质上来说并没有实现根本转变，国企离真正的市场化还有相当的距离。随着时间推移，上一轮改革给国企增加的元气和竞争力正在逐渐消失。如果说21世纪前10年中国经济增长处于上升通道可以掩盖或者忽略国企仍然存在的种种问题和弊端的话，那么现在，情况正在发生转折性的变化。一些典型的研究显示，中国经济增长已经开始进入趋势性的下降通道，高速增长阶段已经开始向中高速增长阶段转折。这个转折，现在被归纳为迈向"新常态"。事实上，近一两年，增长阶段转折性变化，或者说"新常态"，给国企带来的压力正在逐渐显现，有越来越多的国企陷入经营困境之中，国有企业经营困境和宏观经济增速下滑的相互影响不容小看。

总而言之，当外延追赶的工业化走向收尾阶段时，国有企业的消极作用压倒了积极作用，一些关键的国有企业的生产率以及外溢效应都赶不上民营企业，却消耗了更多的经济资源，导致增长抑制情形日益严重；特别是当我们实行了市场经济，并誓言让市场在资源配置中发挥决定性作用和更好发挥政府作用的时候，国有企业所引致的资源错配和市场扭曲，不但构成了对下一步经济增长的严重拖累，而且也在很大程度上制约了政府职能的转变，政府不得不在对市场竞争的公允主义和对国有企业的父爱主义之间纠结和摇摆。因此，我们的研究所包含的政策意义非常清楚：国有企业改革，应该是中国调结构、抓改革、稳增长的政策组合中最重要的政策之一。

及时推进新一轮国企改革，特别是对大型龙头国企进行实质性改革和相应重组，在下一步的发展进程中，有助于打造中国经济的"升级版"和跨越"中等收入陷阱"。在全球化背景下，一个后发国家能否在较长时期里保持经济较快增长，从而完成工业化、跨越所谓的"中等收入陷阱"和进入富裕国家行列，在很大程度上取决于该国能否有一批企业在较长时期里保持和提升全球竞争力。对于后发国家而言，在加入全球体系和实现经济起飞的初始阶段，其企业的全球竞争优势往往建立在规模迅速扩张、生产成本较低、技术模仿的快速有效等因素之上。但随着星移物换，这种初始的全球竞争优势将逐渐消失，所以会面临着企业全球竞争优势的及时更新和全球核心竞争力的重建问题。如果不能意识到企业全球核心竞争力适时重建的重要性，或者不能成功地实现企业全球核心竞争力的适时重建，在宏观上将表现为外向型经济的失败及经济增长的失速。

中国也面临同样的问题，特别是当中国经济发展进入阶段性转折的时候，这个问题尤为突出。中国企业核心竞争力的重建，特别是面向全球竞争的核心竞争力的重建，与其他许多国家有所不同的一个独特议程，就是要对大型国企进行有力重组。中国许多行业的大型企业都是国有企业，这些企业不但规模大，而且占有许多创新资源，有着巨大的提升效率、迈向创新驱动的空间。许多国有企业在本行业中都居于龙头地位，而且直接面对国际竞争，其中的一些企业在过去参与全球竞争的进程中，已经初步构建了一定的全球竞争力，甚至形成了全球公司的雏形。显然，这些国企具有适时更新全球竞争优势、重建全球竞争力的良好基础。如果这些企业能够成功地实现竞争优势的更新、全球竞争力的重建，对于中国的产业体系在全球产业体系中位置的提升，无疑是最便捷的一条路径，当然对于中国经济继续保持较快增长也具有良好的助推作用。如果这些企业不能成功地实现全球竞争优势更新、全球竞争力的重建，要使中国产业体系在全球产业体系中位置得到提升，就要花更大的力气、付出更多的代价、走更加曲折的路径，当然也毫无疑问会拖累中国经济的进一步持续增长。

中国政府已经意识到了这个问题的重要性，但是目前看来，应对这个问题的主要措施还停留在大型国企的合并重组方面，譬如对高铁装备制造业的大型国企进行了合并。笔者宁愿把这样的合并看成是零星个案，而不是普遍性举措，更不愿意看成是关键性举措。如果把这样的政策措施当成是普遍性、关键性举措，就容易使很多产业滑向排斥竞争、构筑垄断的泥坑，结局可能适得其反。普遍性、关键性的举措应该是对这些大型国企进行实质性产权改革和相应重组，实现企业经营机制的根本转换和全球竞争力的重建。当然，在这个过程中，如何避免国有资产被低价攫取，如何避免职工和债务人等相关者的合法利益被伤害，如何使真正涉及国家安全和国民经济命脉的领域得到界定和掌握，需要做很多具体细致的工作。

所以可以得出这样的结论：及时推进新一轮国企改革，有助于消除增长抑制、卸去增长负担，可以在避免实行过度的总量刺激的情况下适度提高经济增速，对于下一步中国经济保持中高速增长、迈向中高级水平，具有重要意义。

诺贝尔经济学奖得主的理论对国企改革的启示

　　2014 年诺贝尔经济学奖颁发给了法国经济学家让·梯若尔，颁奖词赞扬了他在企业的市场势力和政府规制领域的开创性研究。事实上，让·梯若尔也是公司治理和证券设计领域的顶尖学者，其有关理论对我国国企改革具有重要的启发意义。

　　让·梯若尔的研究发现，投资于企业的股东是否存在流动性，对于公司治理有重要影响。如果缺乏股东的流动性，不但股东会被企业套牢，从而失去其他更好的转投资机会，导致资本回报的损失，而且也会助长企业管理层的道德风险，而缺乏流动性的股东则被"劫持"。当然，不能流动的大股东也可能与管理层形成合谋，导致债权人以及小股东的利益受到侵蚀。不过，如果股东的流动性太强，股东对企业的长期责任就会弱化，难以成为企业的积极型监督者，这也会助长管理层的道德风险。特别是对于持股比例高的核心股东而言，股东缺乏流动性和具有过强的流动性，都不利于形成良好的公司治理，提升企业的长期竞争力。因此他认为，既要设计股东的退出机制，又不至于使股东过于流动，对于企业健康发展至关重要。

如何使股东具有流动性？除了股东自己的持股策略（固定性持股还是非固定性持股）之外，他认为，增加股权投资者的数量，促进股权投资者的多元化，包括那些以短期套利为目的的流动性股权投资者的出现，以及股权交易市场的活跃，都能增加股东的流动性。如果股份集中的核心股东不具有流动性，则要强化其作为积极型监督者的激励，主要是减少监督成本，提高监督的个体收益。积极型监督者重点关心公司的未来发展，会主动地收集和分析公司的信息，形成判断，从而主动影响管理层的决策，特别是那些涉及公司未来发展的决策，并在影响决策无效和矛盾激化的情况下解聘管理人员、更换管理层。如何抑制股东的过度流动？股份集中的核心股东的存在，核心股东能够成为积极型监督者，都有利于抑制股东的过度流动。

让·梯若尔的研究还表明，尽管核心股东的存在很有必要，但如果积极型监督者持有企业的全部股份，也可能会出现过度监督的问题。过度监督会打击管理层的积极性，管理层和监督者之间会出现矛盾，管理层将减少那些创新性和创造性的活动，这显然不利于企业的长期发展。以新进入的监督者来取代在位的监督者，可能是一种打破恶性循环的选择，并且也可以用来打破在位的监督者与管理层形成的合谋关系和利益交换关系。不过，新进入的监督者与管理层建立相互信任和健康关系需要时间，这对公司的稳定性也是考验。

　　让·梯若尔并未专门研究过国企。但是从他的理论研究来看，如何改变国企中国有资本的凝固化状态，建立国有产权退出机制，形成国有股东的流动性，是一个首要问题。新中国成立之后相当长时间里，国有资本的主要使命是为新中国建立一个基本齐全的工业体系、实现工业化。那时国家需要通过各种方式来加速国有资本的积累并迅速投入工业建设，国有股东的流动性并不重要，甚至国有企业的竞争力也并不重要（那时靠计划经济来实现国有企业之间的分工协作，而不提倡企业之间的竞争）。而现在，齐全的工业体系早已形成且出现了明显的产能过剩，产业发展可以吸收充裕的社会资本而不仅仅依靠国有资本，企业需要在市场体系当中平等竞争并实行优胜劣汰。此时如果国有股东仍然不具备流动性或流动性过低，都会导致国有资本回报低下、管理层道德风险加重等问题。目前的管理层道德风险之一就是过度投资，过度投资即使不涉及贪污腐败和盲目决策，也是一种道德风险，而且是一种安全的道德风险。许多研究一致表明，我国国企的过度投资比民企更加普遍和更加严重，这扭曲了经济结构，加重了经济增长的路径依赖。国有产权本来就是一种剩余索取权和剩余控制权不明确、不匹配的产权，如果缺乏流动性，容易使国有资本受到"劫持"，从而沦为一种低效和廉价资本。

　　笔者认为，要使我国国有股东获得流动性，就应该向各类非国有投资者开放国有股的购买和再出售，当然前提是要使这些购买者相信，他们的财产权利将有可靠保护。新加坡淡马锡获得成功的关键因素，是果断打通了国有股的退出通道，提高了国有股东的流动性，使淡马锡从一个国有企业的控股公司，基本转型为一个持有流动性和分散性股份为主的财富基金。尽管新加坡的国有全资企业和国有控股企业的数量明显减少了，但是淡马锡以国有股退出所收回的现金在全球范围内进行流动性的转投资，现在所拥有的国有资产组合的价值是 40 年前成立时的 600 多倍，成为新加坡的一笔巨大的战略性财富。同时，淡马锡也可以通过产业引导基金来助推新加坡战略性产业的发展，这些基金投资之后，也属于流动性股东而非凝固性股东。我国以后要发展重要前瞻性战略性产业，主要也可采取这种方式，而非由国家"亲自"设立国有全资企业的方式。

根据让·梯若尔的研究来推理，国企的股权多元化，特别是混合所有制基础上的股权多元化，应该作为我国国企改革的核心策略。如果阻断国有股的退出机制、扼制国有股东的流动性，如果回避股权多元化和混合所有制，既可能导致国有股被锁定和管理层道德风险问题，也可能导致过度监督问题，还有可能出现监督者与管理层合谋问题。也就是说，不管国有资本的出资人由什么样的机构来承担——国资委、国有资本投资运营公司、其他机构，都不能替代股权多元化和混合所有制。换句话说，对国有资本出资人体系和国企监督体系进行调整，并不是一项具有重要意义的事情。当然，混合所有制也有混合所有制的问题，其公司治理更加复杂，但那是更低层面的技术性问题。

国企合并算不上是改革 ①

　　2015 年以来，央企重组传闻不断，相关概念股也受到投资者的高度关注，引发了一波又一波的题材热炒。南北车合并为中国中车，则被业界视为进一步唱响国企重组改革的大戏。

　　有迹象显示国企改革步伐也在提速。2015 年 5 月 8 日，国务院批转国家发改委《关于 2015 年深化经济体制改革重点工作意见》(下称《意见》)。《意见》指出，推进国企国资改革，出台深化国有企业改革指导意见。此次将国企改革再次列入改革重点任务中来，国企改革排名也从 2014 年的第四项工作升格为 2015 年的第二项任务。有分析称，这显示其在经济体制改革

---

　　① 本文由《中国经营报》谭志娟采访整理。

中的分量提高，预计下一步国企改革有望加快落地。

而在南北车合并为中国中车后，未来还可以引入非国有资本等社会资本进行混合制改造，从而使企业发展前景更好。鉴于此轮央企的重组逻辑在于着重解决的是央企升级转型和国际市场竞争力提升的问题，因而能够参与国际竞争的央企是首要考虑重组的目标。

国企合并重组背后还是政府之手

《意见》指出，要推进国企国资改革，制定改革和完善国有资产管理体制、国有企业发展混合所有制经济等系列配套文件，制定中央企业结构调整与重组方案，加快推进国有资本运营公司和投资公司试点，形成国有资本流动重组、布局调整的有效平台。预计《意见》出台后，接下来会有更多改革动作与进展。

在业界看来，混合所有制将是当前及今后国企改革的"重头戏"，基本思路是引入民资参与国企重组，从而实现国有企业产权的多元化，不同所有制资本在标准的现代企业制度框架下，按照股份制的规则来实现风险公担、利益共享。

而国企改革的一贯思路，是通过混合所有制等产权改革和现代企业制度的建立来转换企业经营机制以及实现市场化经营。但是，这种思路在实际工作贯彻执行中并非一帆风顺，而是会出现反复。本轮国企改革的整体思路跟此前仍是一脉相承，关键在于落地执行。

中国国有企业的合并整合经历过几次不同阶段，剥离、上下游合并、以大并小，再到现在的强强联合。改革开放 30 多年来，国企重组经历了分分合合、合合分分。这些重组大多数并不是一种市场行为，而更多体现为政府行为。严格来说，如果单纯只有这些重组行动的话，也算不上改革，有时候可能还与改革精神背道而驰。因为单纯的分合重组并不会导致经营机制的转变，反而会导致垄断的强化和政府干预的强化，这些都可能会是反市场的行为。在市场化逻辑里，企业的分与合是企业自身根据市场的发展、行业变迁以及企业自身的情况做出的决定。例如美国通用电气，在 20 世纪七八十年代合并了很多企业，但到 90 年代后又分拆卖掉了很多企业，这是企业根据市场需求做出的决定。但中国当前国企合并的背后，到底是市场的无形之手在运作，还是政府的有形之手在运作？显然是后者。从目前政府热衷于合并国企的现象来看，中国的国企至今还没有摆脱作为政府附属物的地位，没有真正成为独立的主体，这不能不说是近 40 年国企改革历史的悲哀。

可以说，政府热衷于对国企的拆分与捏合，反映了有关部门某种程度的偷懒心理以及投机心理。偷懒心理，即如果一家国企遇到经营困难时，不愿意进行实质性的改革与重组，往往跟一家经营好的国企实行合并。投机心理，即将两家大国企合并成一家更大的国企，通过消除竞争使自身没有竞争对手。

在过去一年内，南北车在二级市场的股价暴涨 8 倍。自南车北车宣布合并以后，引发了更多关于央企合并的预期，包括中国中铁与中国铁建、南船与北船、中国移动与广电网、中国电信与中国联通等。央企重组也成为 2015 年市场炒作的题材。就此现象而言，从长远来看，央企大规模合并将加剧市场垄断，并不利于增强企业竞争力。国企改革应当坚持以转换经营机制、提高企业效率为核心，坚持十八届三中全会提出的混合所有制改革方向。过去 30 年的实践证明，国企合并未能有效提高企业竞争力。

应当说，如果此轮央企重组的用意是打造能够航行于国际市场的、具有国际竞争水准的央企，且着重解决央企在国际竞争中的问题，则首要考虑的是哪些行业和央企能够参与国际竞争，将竞争对手定位于国际巨头而非国内同行的这类公司。

法律面前国企民企还不平等

石油巨头中石化曾在 2014 年 2 月率先拉开垄断性国有企业改革的序幕，并对外称其将对旗下油品销售业务现有资产和负债进行审计，引入社会和民营资本参股，实现混合所有制经营。不过，在业界看来，成功实现混合所有制改革的一个关键因素，就是民资的积极参与。

对于基础性行业向民资开放、引入民资参与的问题，笔者的建议，一种形式是可以让民资进来独立地设立新企业；另一形式是可以让民资参股国企进行股份制改造。以南北车合并为例，如果南北车合并为中国中车后就认为大功告成、万事大吉了，那可能是一种自我陶醉。正确的方法是，一方面可以对中国中车进行混合所有制改革，在中国中车中引入大宗的非国有资本和积极的非国有股东，这方面其实中信股份的做法可以效仿；另一方面，铁路机车车辆生产和其他设备生产这个行业，应该更多地对民企开放，鼓励民企进入这个行业设立新的企业来参与竞争。

不过，引入民资第一要有开门政策，第二要有产权保护。光有开门政策，没有产权保护，很容易变成"关门打狗"，那谁还会再来？此前民资在煤炭开采等领域和其他一些领域，都有过此类教训。因此，解决这个问题最重要的是产权保护，就是保护民营企业家的合法财产权利。如果民间资本、民营企业的财产权利得不到保护，如果非国有投资者的股东权利得不到落实，发展混合所有制的倡导就可能成为一场自弹自唱的娱乐。

需要指出的是，目前的大型国企合并实际上是享受了某种程度的"治外法权"，因为这些大型合并并没有经过反垄断审查这个法律程序。试想，滴滴、快的这些新兴行业和新兴业态的民营企业合并，需要搞反垄断审查，而南车、北车这样成熟行业的寡头企业合并，却没有反垄断审查，这不恰恰反映了法律面前国企民企的不平等吗？

对于大部分实行产权改革的国有企业而言，混合所有制不应该是一个终极状态，而应该是一个中间状态。多数混合所有制企业都应逐步实行更多国有股份有序退出，使这些企业彻底完成市场化改造。当然，混合所有制作为一种折中的国有企业产权改革方案，主要应该在大型国有企业中实行，那些规模较小的国有企业，可以通过重组改制和出售等方式去"放活"。

好迹象是，2015 年 5 月 15~16 日在北京召开的 2015 年全国经济体制改革工作会议要求，支持非公有制经济健康发展，全面落实促进民营经济发展和民间投资的政策措施，完善产权保护制度特别是法人财产权保护制度，鼓励引导更多社会资本特别是民间资本参与重点领域建设。近年来，一些垄断领域已向民资开放。2014 年 3 月 5 日《政府工作报告》中曾指出：要制定非国有资本参与中央企业投资项目的办法，在金融、石油、电力、铁路、电信、资源开发、公用事业等领域，向非国有资本推出一批投资项目。

而经过 30 多年发展，很多行业特别是日用消费品与轻工业已向民资开放。这些对民企开放度比较高的行业，尽管行业集中度不高，看起来好像过度竞争、企业打乱仗，但这些行业效益反而比较稳定，创新能力日益增强。如家电空调行业里的海信与创维是国企与民企共同发展的典例。而像资源与技术密集型制造业领域，尤其是涉及国家经济命脉的一些行业对民资开放度相对没这么高。随着国家监管程度的提高，只要监督到位，很多行业都可以向民资开放。由于民资在筹集资金与人才等方面有其优势，可以促进竞争，推动创新，带动这些行业快速发展。

国企改革必须依靠产权改革这把总钥匙 [①]

2014 年 7 月，6 家央企纳入开展"四项改革"的首批试点。近日有消息称，国资委有望近期发布国企改革的三类框架性指导意见。这 6 家试点央企将根据该意见制定企业的改革落实方案。

混合所有制改革在央企层面试点的同时，地方版国企改革方案也相继推出，而吸引民资参与国企改革被反复提及。

如何在混合所有制改革中平衡国企和民企的诉求？《每日经济新闻》记者就此问题专访国研中心企业研究所副所长张文魁。这位多年跟踪研究国企改革的专家表示，国企改革再破冰，不仅是全面深化经

---

① 本文由《每日经济新闻》记者胡健采访整理。

济体制改革的核心，也是打造经济升级版要求的倒逼，已在深水区的国企改革，必须依靠产权改革这把总钥匙，才能顺利重构政企关系，释放市场活力。对于产权改革，党的十八届三中全会《决定》如此表述：产权是所有制的核心。公有制经济财产权不可侵犯，非公有制经济财产权同样不可侵犯。

混合所有制是产权改革一大方向

国企改革在全面深化经济体制改革中的地位怎样？

国企改革在整个深化经济体制改革的系统工程当中处于核心位置，我们深化经济体制改革的目标是什么？是建立完善的市场经济体制，让市场发挥决定性作用，并且更好发挥政府作用，国有企业的症结正好是企业和政府关系没理顺，如果这个关系不理顺，市场没有办法发挥决定性作用。

国企改革的核心和路径应该是什么？

国企改革的一个难点是产权改革能不能得到广泛的认同，另一个就是计划经济留下的遗产能不能得到比较干净的处理。

现在国企改革进行了 30 多年，绕来绕去，肉都吃了，就剩下产权改革这块骨头，我们要不要去啃这块硬骨头。产权改革的一个大方向就是混合所有制，这是中央已经明确的内容。

国企改革，无非就是三条路：第一条就是继续国有 100% 的股权格局；第二条就是类似历史上已经出现过的直接出售中小型国有企业股权；第三条就是混合所有制。从当前可接受的角度，针对大型和特大型国有企业的改革都不可能做到像中小企业那样直接出售，但又不得不进行产权改革，因此要找到一条中间道路，也就是混合所有制。

应该说，混合所有制能在一定程度上实现股权重组，改变一股独占或一股独大的局面。

您能再详细解释一下产权改革的重要性所在吗？

产权改革是整个国有企业改革的一把总钥匙，没有这把钥匙什么锁也打不开。就拿国有企业薪酬改革来说，这个改革已经进行二三十年了，改革难度非常大，但是产权进行改革后，它会变得很容易。

另一个就是分红问题，如果产权改革完成之后，既有国有股东也有非国有股东，涉及分红问题，国有股东和非国有股东都有分红的权利，如果觉得这个企业有很好的发展前景，不急着分红，把利润再投入比分红更划算，就不用分红，如果觉得行业很平稳，利润拿走最划算，那就可以现金分红 50%，董事会、股东会就把这个问题解决了，何必要国家的硬性规定呢？

怎样让民企认同

国企改革的另一相关方是民营企业，怎么提振他们参与的热情呢？

现在民企认不认同这个混合所有制是个问题，如果民企不认，就很麻烦。怎么让他们认呢？最根本问题还是产权，就是民企的产权能不能得到真正保护。民企最担心的，就是参股之后是股东该有的权益得不到保护。因此，国资国企改革还需要很多配套内容，最根本的一点就是我们要依法治国。从这个角度来说，十八届四中全会将要讨论的依法治国非常值得关注。

那在经济领域有什么可做的呢？

经济领域也有很多事情可以做，很多行业和企业不一定需要国有控股，把控制权让出来，民企的动力就会提高，例如中石化说拿出销售板块的 30% 来让民营和非国有企业入股，假如这 30% 分散给好几个股东，民营企业的占比还是太低。因此，不能在一开始就有意识地去分散民营股东的股份。

我们需要改革的国有企业大部分都不是像中石油、中石化这样的巨无霸，大部分都是民营企业能够承受的。很多行业，国有控股权甚至可以一步到位让给民营企业，国有股比降到 50% 以下、民营股比升到 50% 以上，都是可以实现的。

在一些敏感行业不可行，那就可以不搞，但至少可以搞得很多很多，我们不能因为某些行业不能搞，就说整个国企改革不能搞。

这也是真正让市场发挥决定作用，重构政企关系的重要一环吗？

当前有些企业态度不够端正，没有给民间资本以足够的信心。有的企业只是想借混合所有制改革圈钱，一是圈参加混合所有制改革的民营企业的钱，就是我们说的把他们当提款机；二是到证券市场圈股民的钱。

要防止这种状况出现，必须建立完善的公司治理制度，真正让股东会和董事会发生作用。出资人的权利应该仅限于行使股权的权利，也就是投票权，比如选聘高管的权利，就应该由董事会来决定。做到这些，提高民营企业的控股比例，有效保护他们的权益肯定是前提。

消除民企顾虑很重要，其实国资国企改革对于很多民企来说也是一个新机会，我相信国企现在有二三十万亿元的国有股价值，这里面有一些"废铜烂铁"，其中也包含一些"金矿"，民营企业在吃透国家政策和掌握相关法律的基础上可以积极参与国资国企改革，借这个机会使自己的企业发展上一个新台阶。

风险如何控制

国企改革与打造中国经济升级版的关系是怎样的？

经济增长已经从高速向中高速过渡，现实当中看到的经济增速下行压力还比较大。从表象来分析，"大马"投资也不行了，"中马"消费也不振了，"小马"出口已经疲软了，我们更应该看一看我们整个经济增长的驱动力在什么地方。

从改革开放以来已经看得非常清楚了。增长的驱动力来自于非国有部门的创造力和不竭活力。现在非国有部门已经占了很大比重，但国有部门在过去几年基本上仍旧在固守一些堡垒，没有进一步改革，而且这个堡垒都是国民经济当中一些最重要的部门、最关键的部门。

这些部门对别的部门发展有很强制约作用。依我来看，现在经济增长下行的主要原因是来自于国有企业、国有部门对经济增长的拖累。

这种拖累具体表现在什么地方呢？

如果让市场发挥决定性作用，就一定要有优胜劣汰，现在能活下去就活。不管是国企还是民企，只要活不下去，就应该关闭破产，但是现在的事实是什么呢？国有企业长期亏损，政府在给他们输血。

中国企业，特别是国有企业，过去很长一段时间一直在高速增长的背景下经营，形成依赖要素投入和低成本的粗放式发展模式，高速发展环境消失后，就暴露出很大问题，我们现在需要转变这种模式，往产业链和价值链的高端移动，有这种能力和意愿的企业应该获得更多资源，但有些企业却受到了不应有的保护，这就影响了经济升级版的打造。

但是改革必然会有风险，国企改革牵扯到大量资产和劳动力的再分配，您觉得可控吗？

关于风险控制问题，破产不完全意味着倒闭，破产还可以重组，有很多大企业经营不下去，可以进行重组，可以大规模裁员，清理非核心业务和资产。而裁员会影响就业问题，这应该是市场经济的一个常态。诺基亚竞争力下降，就进行了大规模裁员，这是新陈代谢，败下阵来，不重组裁员，其实会消耗更多的社会血液，活得健康的人血液就不够，劣不汰何以优胜呢，经济升级版怎么去打造呢？

我们在小风险和大风险之间要做出选择，如果小风险不暴露出来，最后酿成大风险时，就会变得不可收拾。

如果不解决这些问题，那么我们的增长要么就还是处于疲弱状态，要么就只能靠货币超发和信贷泡沫，以及过度投资来再次回到粗放的、扭曲的、失衡的发展道路，以后的"后遗症"会更大。

国企改革应该尽快推进。如果国家治理的改革以及国企改革，不能在这两年向前迈出坚实步伐，我们经济社会当中很多矛盾不但不能消除，还会进一步积累，我们下一步的发展会背上一个沉重的包袱，也会引发很多不稳定、不安定的情况，并且改革是渐进的，而不是突然发生的，不能过度夸大风险。

混合所有制是一条中间道路

混合所有制是这一轮国有企业改革的重头戏之一。从 2014 年已出台的二十余个省份的国资国企改革指导意见来看，混合所有制是"基本配置"。2015 年陆续出台的中央关于国资国企改革的各项文件，混合所有制即使不是浓墨重彩，也不是轻描淡写。但是，混合所有制并非"一混就灵"。如何正确地认识混合所有制、正确地发展混合所有制，在下一步的改革中十分重要。

混合所有制是一项折中的产权改革方案

尽管混合所有制在当前受到更多重视，但实际上早在 20 世纪 80 年代，混合所有制就开始发轫于当时所谓的"横向经济联合"之中，国有企业的资源优势和非国有企业的机制优势通过混合所有制而得到有机结合，实现了优势互补，产生了协同效应。20世纪90年代中期以后，当国有企业进入大规模的所有权改革阶段，由于意识形态约束和非国有资本短缺约束，以及对国有股东资源优势的持续利用、管理层对资产形成贡献的股份化等因素，许多国有企业选择了混合所有制。同时，政府也愿意保留一些国有股以"留一手"。我国许多民营企业不能享受与国有企业同等的国民待遇，这也促使了混合所有制的形成。当然如果要上溯到更早的时间，在19世纪70年代的洋务运动就出现了官督商办、官商合办的混合所有制企业。

在很大程度上，混合所有制可以理解为国家所能接受的一种折中的国有企业产权改革方案。国家本不想在国有企业改革中触碰所有权，在1978年之后较长一段时间里都回避所有权改革，试图通过不断加码的控制权改革来取代所有权改革，以使纯洁的国家所有制不受市场经济的侵染。但是事实不断告诉政府，回避所有权改革会带来更大的问题。而企业界则有意识地在国有全资企业中引入一部分非国有股来试探所有权改革是否可行，此外，民营企业逐步合法化以及它们与国有企业之间合作合资的加深也自然而然地催生了一些混合所有制企业。在这样的纠结中，政府选择了混合所有制这样一条中间道路。

混合所有制既然是一个折中的产物，意味着它可能不是一项彻底的国有企业产权改革方案。因此，一个国企实行初始的混合所有制改造，可能并不是这个国企进行产权改革的终点，而可能只是起点。事实上，已经有一些国有企业在实行初始的混合所有制改造之后，并没有止步，而是在此后的若干年里，继续实行国有股的减持，进一步优化了股权结构、改善了公司治理、增进了公司业绩。但是值得担忧的是，许多混合所有制企业仍然维持着国有股的控股状态。更值得担忧的是，国有股的控股地位在很多时候似乎被政府锁定了，政府不愿意把国有股降低到参股状态。如果混合所有制企业中的国有股退出机制被阻断，不但会增加管理层的道德风险，也会刺激非国有股东的机会主义行为，这对公司治理的改善极为不利。笔者认为，从各方面来看，对于大部分实行产权改革的国有企业而言，混合所有制都不应该是一个终极状态，而应该是一个中间状态，多数混合所有制企业都应该逐步地实行更多国有股份的有序退出，使这些企业彻底完成市场化改造。当然，混合所有制作为一种折中的国有企业产权改革方案，主要应该在大型国有企业中实行，那些规模较小的国有企业，可以通过重组改制和出售等方式去"放活"。

混合所有制须引入负责任的非国有积极股东

不过，混合所有制并不一定自然而然地把企业带向康庄大道。实际上，混合所有制的公司治理在技术上要比单一所有制、单一所有者的公司治理要更加复杂。洋务运动时期官督商办、官商合办企业就有不少公司治理冲突的教训，而现在也有很多混合所有制企业失败的实例。笔者的数据分析表明，没有发现过硬的证据，表明混合所有制企业的业绩明显好于非混合所有制企业。但如果混合所有制企业的最大非国有股东持股比例大到一定程度，譬如持股比例达到40%，则对于增进业绩有明显作用。笔者的推断是，非国有股的引入对企业发挥积极作用，很可能是发生在最大非国有股东独自持股比例，或者与一致行动人共同持股的比例，达到 33.4% 的时候。因为根据中国的公司法，公司制企业中，一些关键事项的决策需要掌握 2/3 以上股份的股东同意，而一个非国有股东只要掌握 33.4% 的股份，它就掌握了对国有股东的实质性的制约权，国有股东及其上级政府就不能"任性"了。因此，在混合所有制改革中，让非国有股东持有较大比例的股份，特别是单一非国有股东持有较大比例的股份，从而导致企业控制权的改变，至少是导致制约权的形成，可能比简单地引入一些非国有资本更具意义。

在国有企业混合所有制改革中，要引入大宗的非国有股份，实际上就是要引入负责任的非国有积极股东，这才使混合所有制有实质意义。由于国有全资企业难以真正实行市场化，实行混合所有制就是要引入一部便车可让国有股东来搭乘，因为国有股东没有真正的剩余索取权和真正的剩余控制权。股比太小的非国有股东坐不了便车。打比方来说，在国有企业中引入非国有股份，是希望在一个沙丁鱼池中放入一两条鲇鱼，不断游动以强化鱼群的生存能力，而不是放入几条泥鳅；是希望在一群圈养的黄牛群放进一两头野牛，奋起顶住来自政府的干预并顶走各种历史包袱和计划经济遗产，而不是再增加几头家养的黄牛。持有大宗股份的非国有股东才会成为鲇鱼，而持股比例很小的非国有股东不过就是泥鳅。

从是否能引入负责任的非国有积极股东这个角度来看，有些受到推崇的混合所有制方式就没有实质意义。国有企业重组上市，被很多人当成混合所有制改革的一种典范形式，广受推崇。的确，国有企业重组上市，也引入了非国有的个人股东，而且还可以接受证券市场的规范性监管，使得企业运营的合规性和透明度都有所提高，这都有一定的积极意义。但显然，这些非国有的个人股东，以及那些持股的基金，顶多就是泥鳅，甚至连泥鳅都算不上，他们主要扮演消极股东的角色，即使能对企业进行监督，也属于投机型监督。在国有资本仍然保持控股的情况下，这并不能解决企业激励机制方面的问题，也不能从根本上解决企业约束机制方面的问题。特别是如果国有股东的控股地位被锁定，就相当于国有资本被"劫持"，因为这会导致证券市场的收购兼并和控制权接管机制被阻断，无论是企业管理层还是国有资本出资人机构的道德风险都会显著增加。

因此，我们可以看到，那么多国有企业重组上市后仍然是换汤不换药。尤其是那些分拆上市的国有控股公司，热衷于与母公司的关联交易、资产置换，以及增发收购资产、变更主业保壳、各式各样重组等种种不良行为，把国企自己和整个证券市场都搞得乌烟瘴气、污浊不堪。有些所谓的混合所有制改革，并不愿意引入非国有股东，而是在不同的国有投资者之间搞搞股权多元化，即在国有企业中新引入其他国有股东来投资，虽然这种股权多元化或许可以使股东会、董事会在一定程度上遵照公司法来行使权利和权力，但其他国有股东还是家养的黄牛，而只有实行混合所有制，引入了持有大宗股份的非国有股东，那才算是野牛。还有很多国有企业倾向于通过国有企业内部人持股的方式，包括管理层持股或者全体职工持股，来对国有企业进行混合所有制改造。无疑，这是一种简便的、能减少内部人抵制的混合所有制改造方式。

的确，管理层持有本企业的一些股份，有利于调动管理层的积极性和减少代理成本。但是，由于他们自有资金比较有限，难以有效地引入非国有的大宗股份，不能在较大程度上降低国有股的比重和实现比较合理的股权结构。更需要注意的是，如果通过管理层持股来推进混合所有制改革，这种"保姆变成老板娘"的操作方式会在多大程度上带来腐败和不公，会在多大程度上导致原管理层的长期盘踞和对外部介入者的不当排斥，是我们不能忽视的问题。如果让全体职工持股，问题会变得更加复杂，不但可能出现强迫性或诱导性入股、股份分配不公平不合理、过度分红和股份负盈不负亏、利益输送及职工股利益侵蚀国有股利益等现象，还因为职工的雇员身份和股东身份纠结不清而导致公司治理困境，使"命运共同体"成为一句空话。比较好的解决方法，可能是在引入外部非国有投资者的同时，对管理层实行市场化的薪酬激励，包括一些股权激励，以强化激励约束机制，同时也可以对核心员工实行类似的薪酬制度。只要混合所有制真正转变了经营机制、改变了公司治理，这些问题都可以迎刃而解。

混合所有制的目的是转机制而不是圈资金

发展混合所有制，必须要端正态度。混合所有制到底是被用来转机制，还是被用来圈资金，是值得关注的。目前，一些混合所有制改革存在明显的圈钱意图。如果搞混合所有制只是希望社会资本、民间资本拿钱来，占一点小股份，还是国企来控制，还是老办法来管理，这其实转变不了机制，就是圈圈钱而已。以前搞混合所有制，还能够把存量国有股拿出来出让，现在搞混合所有制，却不愿意转让存量国有股，而是大搞增资扩股，圈钱的意味再也明显不过了。社会资本、民营企业，对这种混合所有制有多大兴趣很难说，即使国有企业能以自己的一些优势来吸引社会资本和民营企业出钱入股，但机制不转变，圈来的钱花完了，下一次再搞混合所有制，再去圈圈钱，这其实是自断混合所有制后路；或者国有企业承诺日后在证券市场上市为其他股东提供退出通道，这种既能让国有企业在市场上圈钱又能让内部人原始股东和其他原始股东在市场上赚钱的混合所有制，看起来很聪明，实际上不一定。

这些自作聪明的所谓混合所有制改革，得不到社会信任，也走不远。此外，如果总是在国有企业集团里拿出一些二级、三级企业或者更低层级的下属企业做混合所有制改革，集团母公司还保留为国有独资公司，这种回避全局改革、只搞局部改革的策略，其实就是把国有全资的母公司保留为一个旧体制的大本营、一个存放计划经济遗产的大仓库。这种三心二意的、碎片化的混合所有制改革，终究不能与陈旧的机制割断千丝万缕的联系，无法实现真正的、彻底的市场化。总之，要使混合所有制健康地发展下去，必须要搞清楚，到底是通过混合所有制解决国企资金不足的问题，还是解决国企机制不顺的问题。

更重要的是，如果民间资本、民营企业的财产权利得不到保护，如果非国有投资者的股东权利得不到落实，发展混合所有制的倡导就可能成为一场自弹自唱的娱乐。民营企业本来就处于一个尚未平等的竞争环境中，现在来参与国有企业产权改革、与国有资本合股经营，如果合法权利没有保障，就可能被国有企业"咬一口"。当然，在混合所有制当中，国有企业也有可能被民营企业"咬一口"，这种情况在现实当中并不鲜见，甚至不排除有些民营企业入股国有企业就抱着一个不正当的动机。因此，如何防止

"官股"和"商股"之间的严重冲突，从而避免混合所有制成为一个"你咬一口、我咬一口"的制度，并避免洋务运动时期官督商办企业的多舛命途和不测命运，需要我们的国家来提供一个良好的法治体系，而这绝非易事。

混合所有制已经被党的十八届三中全会确定为我国基本经济制度的重要实现形式。但是，我们应该清醒地认识到，这是一项在国际上并不多见而颇具中国特色的制度安排。这项制度安排在现实中会遇到很多挑战，我们一点也不要掉以轻心。国有企业走混合所有制道路去引入非国有资本，也不是都能够实现企业经营机制的转换。而一些纯民营企业走混合所有制道路去依傍国有资本，很多时候是一种无奈或者扭曲的选择，这并不值得欣喜。笔者希望，混合所有制这种制度安排，应该被用来促进那些规模较大的国有企业的产权改革，来革除无主所有权的弊病，来彻底革除非市场化的企业经营机制；而不是用来搞新一轮的官督商办和公私合营，去收编民营资本，去放大国有资本的控制。当然，也不能用来为内部职工和管理层牟取"股份福利"，也不能用来为一些心怀不轨的投资者牟取不当利益。

即使用来实行国有企业的产权改革，混合所有制也绝对不是"一混就灵"，公司治理的商业化比所有权结构的轻微转变还要更加艰难。如果能明确国有股后续减持的方向，才能增加混合所有制对于非国有资本的吸引力，而那些分散性地引入若干非国有小股东的混合所有制、那些重组上市喂肥一些原始股东并拉进一批散户股东的混合所有制、那些不愿破除垄断而只给几个民企大佬分一杯羹的混合所有制，其意义是圈钱而不是转制。

如果非国有股东在混合所有制企业中只充当小小的消极股东而且合法

权益得不到保障，如果非国有资本在混合所有制公司治理中无足轻重，如果非国有投资者和广大股民在混合所有制浪潮中被当成国有企业的提款机，如果非国有股东和国有股东在混合所有制框架中相互攫取和掏空企业，这些所谓的混合所有制，并不一定是真正的改革。

国企改革的新范式及政策挑战

党的十八届三中全会《决定》重启改革，国企改革是重头戏之一。许多人把关注点放在《关于深化国有企业改革的指导意见》这些文件上。众所周知，国企改革早已经不是一个新议题，断断续续走过了 30 多年不平坦的历程，各方对文件有很多期待，是可以理解的。

笔者认为，新一轮国企改革，出台一个新文件很重要，引入一种新范式可能更重要。在过去 30 多年的国企改革过程中，各层面做了大量探索、实践、设计、调整，形成了非常独特的改革轨迹，笔者将其概括为国企改革的中国范式。这种范式大致包括如下要点：第一，长期遵循实用主义思维，在很长时间里刻意回避产权改革，但不断推行激进的控制权改革；第二，长时间的激进控制权改革自发地走向渐进的产权改革，使产权改革形成了严重的路径依赖特性，导致国企改革较多地对内部人依赖和由内部人主导；第三，产权改革渐进地和摇摆不定地推进，具有机会主义特征和不确定性，并且与企业的业务、资产、债务重组交互进行；第四，很多母子型结构和集团化的国企选择碎片化的、各自突围的产权改革方式，即保留母公司的国有制不受触碰，子孙公司等下级法人实行各式各样、五花八门的产权改革；第五，借助非国有企业崛起带来的竞争效应和示范效应促进国企改革，同时充分利用非国有企业崛起给国企产权改革和重组提供的缓冲作用；第六，激进的控制权改革和渐进的产权改革导致了巨大的企业改革成本，改革时间拖延之长又极大地增加了改革成本，对整个社会都构成一种代价，这种代价不仅体现在经济支付方面，也体现在公平正义方面。

　　当然，这里对国企改革中国范式的概括不一定很完整，但应该涵盖了基本要点。这个范式是在曲折中形成的，是一个历史产物，在过去十几年里，我们越来越清楚地看到了这个范式难以克服的种种问题。最主要的问题，就是对产权改革的模糊性、摇摆性政策，其他很多问题都是由这一点衍生。国家在很长时期里本想回避产权改革，但为了避免产权改革，又往往以不断加码的控制权改革来做弥补，最后反而导致控制权改革失控，也导致自发的产权改革失控。对产权改革的模糊性、摇摆性态度和政策，在实际当中导致大量的碎片化产权改革，即国企不断分拆出子孙公司进行产权改革，看起来很多资产和业务被激活了或者分散突围了，但未实行产权改革的最上层母公司就成了旧机制的大本营和旧货仓库。集团性国企并不能真正实现市场化，反而因为碎片化的产权改革而使整体协同效应遭到削弱，一个集团内的子孙公司之间各行其是甚至打来打去。而我们看一看国际上那些大企业集团，一般都是母公司实行股份多元化而下级企业尽量避免股权多元和股份分散，甚至许多业务单位不设法人公司而设事业部或分公司，这样就可以在顶层解决激励约束机制和公司治理问题并将效力一直贯穿到底层，同时可以强化集团的协同性和管控能力、强化集团的整体优势。我国的大国企集团也应该走这条路。

此外，我国大国企还有计划经济遗产屡屡清理不净，或者清旧生新；资产、业务、债务的重组没完没了，重组成本此起彼伏，国企与政府之间的财务边界纠缠不清；公司治理软弱无力，且与来自于党政机构的监管犬牙交错，给中国国企构筑了全世界最复杂的监管体系但却仍然受到腐败多发和政商难分的困扰，等等。这种范式的最终结果，并没有使国企真正实现市场化，反而使国企在市场化和政策化、独立化和附属化之间不断拉扯、徘徊。

现在，当中国经济增长进入阶段性转折的时候，要使国企真正顺应"市场发挥决定性作用和政府更好发挥作用"这一大趋势，就需要走出旧范式、引入新范式。

新范式的核心内容，就是要推行主动性的、有时间表的总体性产权改革，以此为基础，推动公司治理转型和涵盖业务结构、资产负债、组织构架、管理流程、员工政策、薪酬福利、激励机制等在内的一揽子重组，从而实现企业的实质性再造和全球竞争力的重建。旧范式也包含产权改革的内容，但那在较大程度上是一种反应型、被动式的产权改革，过程是渐进的、进度是迟缓的，且经常摇摆不定。新范式产权改革，不应该等到越来越多国企陷入经营困境才去大规模实行，不应该采取得过且过、缺乏担当的机会主义态度，而是要按照党的十八届三中全会规定的时间节点去设定一个具体的时间表，争取在 2020 年之前，使总体性的产权改革和一揽子重组得以基本完成。

总体性的产权改革，重点对象是那些大型和特大型国企，特别是集团性国企的最上层母公司，包括央企的母公司。除了要改建为国有资本投资运营公司的母公司之外，它们中的大多数应该实行十八届三中全会《决定》的混合所有制改革和相应的公司治理改造，极少数涉及国家安全和国民经济命脉的大国企可以保持国有全资状态，但也可试探多个国有机构持股的股权多元化。而对广大的中小型国企，可以实行党的十六届三中全会《决定》的多种放活政策。

在上述产权改革的同时，公司治理应该获得实质性转型，一揽子重组应该大力推进，使得大多数国企的业务结构更加合理、资产负债表更加健康、组织体系更加精简灵便、管理能力和创新能力得到强化、三项制度和激励约束机制实现与市场接轨。这样的改革和重组如果能够得以实施，那些位居行业重要地位的大型特大型集团性国企将可以重建全球竞争力，这比南车北车这样的单纯合并举措要有意义得多。

许多人会问，集团性国企的母公司，特别是集团性央企的母公司，具备总体性产权改革的条件吗？在当前情形下，母公司的产权改革和一揽子重组能推得动吗？事实上，不少集团性国企的业务、资产、人员状况基本上具备总体性产生改革的条件，一些集团性国企已经近乎实现了母公司整体上市，具备非上市方式产权改革的集团就更多了。即使那些资产质量不佳、经营状况不好、遗留问题很多的集团性国企，只要与一揽子重组结合起来，与下属中小企业的放活和综合性清理结合起来，仍然具备母公司产权改革的条件。其实 20 世纪 90 年代末推行的债转股就可以作为大致的模板，现在缺乏的主要是决心而不是所谓的条件。极少数包袱特别重、人员特别多的国企，总体性产权改革和一揽子重组或许可以缓一缓，但外围清理有大量工作可做，外围清理得比较干净之后条件就差不多具备了。

或者会有"算账先生"说，国有集团母公司的总体性产权改革和一揽子重组是很不划算的，那部分"好"的国有资产不能折成一个好价格，不能圈来更多的资金。这其实是一个不完全算账法。如果那部分"不好"的国有资产和相应的债务、包袱、遗留问题、旧机制不是留在母公司这个旧货仓库里而是一并解决掉了，那不就是省大钱了吗？看一看多年来那些似乎划算的改革吧，"好"资产圈来的钱还不是慢慢被存放的"不好"资产和债务、包袱、遗留问题、旧机制消耗掉了吗？

也许还会有一种意见，认为对所有的国有企业，不管是集团母公司还是中小国企，只要实行与私营企业一视同仁的依法破产政策就行了。搞得好就继续搞，搞不好就依法破产，这不就是市场化了吗？为什么非得推行总体性产权改革呢？是的，一视同仁的依法破产制度的确是市场化，但这是一种被动的市场化，是等损失已经造成、经营难以为继时才来市场化。当然，这种被动的市场化对日常经营的市场化有倒逼作用也不能否认，但重要的是，纯粹国有制和非市场机制是可以相互强化的。新政治经济学在这方面有一些很有价值的论述，大量事实更可以印证这一点。

不过，引入新范式，需要克服一些不容忽视的政策挑战。

第一项重要的政策挑战，就是如何界定和防止国有资产流失。国企改革，要防止少数人大肆瓜分和掠夺国有资产，要防止国有资产流失，这是毫无疑义的。尽管在上一轮国企产权改革的时候，中央和地方都出台了一系列的法律和规章，以防止国资流失和腐败、防止各方合法权益受侵害，过去几年里还出台了更加细致的防止国资流失的各种技术性措施。但是，关于国有资产流失，仍然存在很多认知方面的分歧和法律方面的模糊地带。严格来说，国有资产流失目前还算不上是一个法律概念，但可以认为它接近于《物权法》第五十七条"低价转让、合谋私分、擅自担保或以其他方式造成国有财产损失"的规定，以及《企业国有资产法》多个条款"防止国有资产损失"的规定。《刑法》中也没有国有资产流失的概念，破坏社会主义市场经济秩序罪中的一百六十九条规定："徇私舞弊，将国有资产低价折股或低价出售，致使国家利益遭受重大损失的，处三年以下有期徒刑或拘役，遭受特别重大损失的，处三年以上七年以下有期徒刑。"但到底多少算是重大和特别重大损失，并不清楚。在实际当中，如何准确地判定国有资产流失，法律清晰度严重不够。如果这个问题不解决，新一轮国企产权改革就难以稳健地、持续地、全面地推行下去。笔者认为，下一步迫切需要国家出台更加详尽的判断国有资产流失的司法解释。司法解释可能会比较机械，但法律尺度很清楚，当事人只要遵循法律，就不必担心日后告旧状、翻旧账。

第二项重要的政策挑战，就是如何把握混合所有制的股权结构尺度。十八届三中全会已经把混合所有制提到了基本经济制度的重要实现形式这样一个高度，但实际工作中面临着股权结构和股份来源的选择问题。如果大部分国企，尤其是集团性国企的母公司，国家持有过高的股份，只引入一些股比较小的社会资本，不但对社会资本的吸引力不足，也不利于公司治理的转型和经营机制的转换。因此，要推行新一轮产权改革，必须要有合适的、清晰的股权结构和股份来源政策，但考虑到中国的实际情况，这殊非易事。

一个可以考虑的方案，是在新一轮国有企业改革中实行名单政策，而不是分类政策和"一企一策"政策。无论是"一企一策"，还是分类政策，理论上都没有错，因为每个企业本身就不是一样的，也可以分成不同类别。但在实际操作当中，"一企一策"的随意性太大，可能成为逃避改革、拖延改革的借口。分类政策可能在漫长的分类谈判和类别选择中掉入分类陷阱当中，最后改革的时机就耗费掉了。名单政策是确定国有企业是否进行混合所有制改革以及大致限定股权结构的政策。这个名单完全覆盖各级国资委直接管理的一级企业，即所有的一级企业都应该包括在这个名单中。在这个名单中，每个一级企业都能找到自己的名字和是否要实行混合所有制、实行混合所有制第一步的股权结构有什么样的限定。当然，不实行混合所有制、继续保留国有独资的一级企业，只是少数。这少数企业保留国有独资，可能是因为它们将要被改建为国有资本投资运营公司，可能是其所处的行业或所承担的功能比较特殊，也可能是因为历史包袱太重而且目前没有化解的方法。不管是什么原因，这个名单都应该列明并且做出解释说明。而其他企业，则应争取在 2020 年之前实现混合所有制改革。

对于应该实行混合所有制改革的一级企业，每个企业都应该列明第一步的股权结构的限定。这个限定并不是把股权结构规定得一清二楚，实际上是要公布每一个一级企业大致的国有股比例限制。政府对每个一级企业规定了国有股的比例上限或者下限，就可以使国企自己，以及有意参与国企混合所有制改革的社会资本，有一个清晰的政策界限。这比一个一个地去试探、去谈判要好得多。同时，在整个名单政策中，政府应该就为什么对这个企业要设定这样的国有股比例限定做出解释说明。名单政策可以根据情况变化进行适时修订，修订的方向是不断降低国有股的比例限定，引导国有股份不断地释放给社会上的投资者。

或许会有一种疑虑：名单政策让国企对号入座，这会不会造成国企人心惶惶？以前改革时政府经常采取含糊策略，好像这样就能够避免人心惶惶。但事实并非如此，人们反而在私底下打听、议论和运作，尽量避免那些可能失去父爱依靠的"被改革"，这并不是好办法。其实，国外的那些大型国企的改革方案，历时三年五年或八年十年，都是事先透明的，甚至是由议会通过的，只要管理人员和普通员工的正当利益得到保障，对号入座反而是最好的。

第三项政策挑战，就是如何确定国有股的持有和股权行使政策。由于大部分一级企业都要实行股权多元化或混合所有制，这些企业中的国有股由哪个机构来持有和行使股东权利，就成了一个无法回避的问题。同时，不管国资委是否直接持有这些企业的国有股，国资委对这些企业以后如何管理，也必须纳入考虑范围。国资委直接持有混合所有制企业的国有股，没有实质性的法律障碍，事实上国资委作为出资人机构，本身就包含了持有国有股份的含义。所以，国资委可以直接持有混合所有制一级企业的国有股份，当然也不排斥以后由国有资本投资运营公司来持有其他一级企业的股份（那时，现有的一级实际上已经变为二级企业，叫作二级企业更妥当）。这涉及未来国资管理构架的调整问题。

无论未来国资管理构架做什么样的调整，都应该制定对混合所有制一级企业的国有股持有与权利行使政策。这个政策应该规定,一级企业实行混合所有制之后,国有股是由国资委还是其他哪个机构(如国有资本投资运营公司)来持有。考虑到现实当中许多国有股的持有和股权行使是分开的,即国有股持有机构只是名义持有,并不真正行使股权,股权行使是由另一个机构来行使,或者通过另外的方式和渠道来行使,所以应该制定清晰的国有股权行使政策,以告诉外界,未来一级企业实行混合所有制之后,持股机构能否完整地行使股权,如果不能完整行使股权,哪些机构各行使什么权利,行使权利的渠道、方式、时间、触发机制是什么。

还应该制定国资委和其他党政部门对混合所有制企业的管理政策(或者根据习惯叫作监管政策)。为什么需要制定这个政策?这个政策与对混合所有制一级企业的股权持有和权利行使政策有何不同?照道理来说,哪一个机构持有国有股份,就由哪一个机构来行使国有股权。除此之外,无论国有控股还是国有参股企业,都不应该被其他任何别的机构进行股东权利之外的日常性"国有企业管理"或"国有资产管理"。这些企业也接受审计、透明度检查以及一些特殊行业的监管,但并不是针对国有企业、国有股份的日常性监管。但现实当中,不但这些被称为"监管"的力量仍然存在,而且更重要的管理力量是对国企"干部"的任免与管理。2014年,一些省市自治区出台的国有企业改革指导意见当中,规定只要国有股份比例低于50%,国资委将不再按国有企业进行监管,这是一个进步。但是,难道国有股份比例高于50%的混合所有制企业,就应该接受国有股东权利之外的"监管"吗?这个"监管"是监管机构自己随时发个文件就可以去查、去指示、去审批吗?而且,也不光是国资委不再进行旧式监管就算数了,因为对国企高管人员进行"干部"管理的权限大部分并不在国资委手里，这涉及公司治理能否真正转型的问题。这些都是非常大的挑战。

第四项重要的政策挑战，就是如何处理国企中残留的计划经济遗产。这就是所谓的处理国企的历史遗留问题。国企历史遗留问题大致可以分为三类：一是企业办社会，企业长期依赖为职工所提供的医疗、学校、后勤等服务；二是职工福利尚未或无法实行社会化，包括离退休职工的管理和统筹外费用、内退职工的各种费用、"三供一业"等等；三是一些模糊地带，如国企职工身份的特殊性、国企的冗员较多又无法全部裁减，等等。国企的这些问题非常棘手，其实其中有些问题并不是计划经济时代留下来的东西，而是目前还在不断产生的新东西。甚至其中很多内容，譬如一些所谓的办社会职能以及超统筹的福利待遇，也不能说都需要强制取消。但问题在于这些负债性的东西超出企业和企业股东的承受能力和承受意愿时，如何化解矛盾。这些问题真是剪不断理还乱，但如果要实现真正的市场化，这些问题无法回避。因此，要推行新一轮国企改革，还需要国家有关部门制定国企职工身份和相关权益、福利的解释政策，就像最高法院就一些重大而敏感问题做出解释是一样的道理，哪怕解释为各地区各企业可以根据实际情况自行处理，那也算是一种政策。国企职工已经成为一个需要谨慎对待的庞大群体，能否制定一个职工能接受、国家能承担、社会能平衡的政策套餐，以及能否使这样的政策套餐在实际中得以执行，实在是一项严峻的挑战。

此外，对国企在国家安全和国家基石中的作用如何认识，则是更深层次的挑战。这些挑战，都需要认真应对。

后记

　　本书内容选自过去三年我在报刊等大众传媒上发表的文章和所接受的专访，主要讨论下一步中国经济增长轨道的转换。这些文章和专访分为六章，各章内容具有逻辑上的次序。由于各篇文章都是单独发表的，所以本次结集出版时对有些重复的内容尽量进行了清理，并做了一些文字调整。

　　本书的出版，得到了智石团队和中信出版社的大力支持，在此表示感谢！

张文魁

2015 年 10 月于北京